嵌入与内生

我国社会组织专业人才生长机制研究

陈书洁 ◎ 著

知识产权出版社
全国百佳图书出版单位
—北京—

图书在版编目（CIP）数据

嵌入与内生：我国社会组织专业人才生长机制研究/陈书洁著.—北京：知识产权出版社，2021.7

ISBN 978-7-5130-7433-9

Ⅰ.①嵌… Ⅱ.①陈… Ⅲ.①社会组织—人才培养—研究—中国 Ⅳ.①C912.2

中国版本图书馆CIP数据核字（2021）第032375号

内容提要

从政府主导到多元共治，社会组织既是公共性生产组织，也是政府进行合作治理的对象，还受到不同社会力量整合的影响。中国政府大力推进合作治理，社会组织参与意愿日益高涨，但为何其专业人才生长及培育仍面临困境？本研究以嵌入性作为视角，立足"关系与结构"主线，从理论预设到实证检验，讨论了社会组织专业人才面临的环境如何形塑人才"组织化"生长进程。承接购买服务的黏合力与社会力量路径依赖的牵引力，使社会组织对现有制度环境保持了"适度嵌入"。这种嵌入性决定了社会组织人才生长的差异性构型及其演化特征，社会组织专业人才在关系形塑与结构调整中拓展着生长发育的空间。

读者对象：政府部门与社会组织相关人员、学者等。

责任编辑：张利萍	责任校对：潘凤越
封面设计：回归线（北京）文化传媒有限公司	责任印制：孙婷婷

嵌入与内生：我国社会组织专业人才生长机制研究

陈书洁　著

出版发行：知识产权出版社有限责任公司	网　　址：http://www.ipph.cn
社　　址：北京市海淀区气象路50号院	邮　　编：100081
责编电话：010-82000860转8387	责编邮箱：65109211@qq.com
发行电话：010-82000860转8101/8102	发行传真：010-82000893/82005070/82000270
印　　刷：北京九州迅驰传媒文化有限公司	经　　销：各大网上书店、新华书店及相关专业书店
开　　本：720mm×1000mm　1/16	印　　张：11
版　　次：2021年7月第1版	印　　次：2021年7月第1次印刷
字　　数：138千字	定　　价：69.00元
ISBN 978-7-5130-7433-9	

出版权专有　侵权必究

如有印装质量问题，本社负责调换。

前　言

社会组织专业人才目前总体呈现供少、需多、流失快等现象。我国政府大力推进合作治理，为何其专业人才生长及培育仍然面临困境？政府购买服务背景下的社会组织专业人才生长，着重要考虑的是社会组织专业人才从哪里"生成"、怎样"成长"以及今后如何培育。

本研究以嵌入性作为视角，立足"关系与结构"主线，从理论预设到实证检验，讨论了社会组织专业人才面临的制度环境如何形塑了人才"组织化"生长进程，从而构成当前社会组织专业人才培育的基本路径。在宏观层面，表现的是承接购买服务的黏合力与社会力量路径依赖的牵制力，使得社会组织对现有环境保持了"适度嵌入"。在组织层面，表现的是专业人才如何在组织化形塑与结构性调整中拓展着生长发育的空间。嵌入性、组织发展与职业成长共同影响社会组织专业人才生长演化的过程，构成了社会组织人才生长的差异化构型及其成长路径。研究以"点面结合"的思路，主要采用描述性、解释性与验证性的方法，动态分析了社会组织专业人才与现有制度环境之间的适应问题，提炼了专业人才生长机制的理论预设，实证分析了关系与结构嵌入对人才个体职业成长的影响。

总体来看，政府考虑将社会组织接纳为推动国家与社会关系变化的重要力量，为重塑国家和社会的关系框架提供了可能。政府允许社会组织承接购买服务，其间形成了多种结构性关系。社会组织出于对自身成长的考虑，对现存制度环境选择的是"适度嵌入"。将若干现实场景的本土社会组织专业人才生长故事与理论假说适度兼容，用"关系—结构"的理论分析框架论证专业人才生长是一种组织化的复杂建构。这看似是一种人才从组织外到组织内的生成和成长，实质是关系与结构双重嵌入、边缘和核心双重作用的交织进程。具有中国特色的社会组织专业人才生长是呼应当前社会协同治理价值、社会组织存在价值和人才职业价值的必然。理解嵌入关系中人才成长的内外生力量，就是对我国社会组织专业人才培育的一种探索，促进社会治理与人才培育的一体化发展是未来面临的重要任务。

目 录

第一章 绪 论 ………………………………………………………… 1
  一、问题的提出 ……………………………………………………… 1
  二、国内外文献回顾 ………………………………………………… 4
  三、研究内容 ………………………………………………………… 23
  四、研究思路 ………………………………………………………… 25
  五、研究方法 ………………………………………………………… 27

第二章 社会组织专业人才生长的制度环境 ……………………… 30
  一、购买服务背景下社会组织的嵌入性 ………………………… 30
  二、社会组织专业人才发展水平评估 …………………………… 37
  三、社会组织专业人才生长的环境条件 ………………………… 55
  四、社会组织专业化发展的政策体系 …………………………… 59
  五、本章小结 ………………………………………………………… 70

第三章 社会组织专业人才生长机制的理论建构 ………………… 72
  一、专业人才生长动力因素 ……………………………………… 72
  二、专业人才的组织化形塑 ……………………………………… 77
  三、专业化发展与结构性调整 …………………………………… 95
  四、专业人才生长的系统作用机制 ……………………………… 104

五、本章小结 …………………………………………… 109

第四章　社会组织专业人才生长机制的实证研究 ………… 113
　　一、研究假设 …………………………………………… 113
　　二、样本与分析方法 …………………………………… 119
　　三、实证结果分析 ……………………………………… 122
　　四、本章小结 …………………………………………… 134

第五章　总结与讨论 ………………………………………… 136
　　一、总结 ………………………………………………… 136
　　二、讨论 ………………………………………………… 146

参考文献 …………………………………………………… 153

附　录　调查问卷 ………………………………………… 163

第一章

绪 论

一、问题的提出

进入 20 世纪 90 年代以后,"公民社会理论""国家与社会共治""跨界协同治理""公私合作伙伴关系"等理论认为,传统的"国家与社会"零和博弈的关系模式被打破,国家与社会存在合作与互补关系,两者是相互形塑的。合作治理由于强调多方治理主体就共同事务进行治理协商和资源共享,因而成为理解国家与社会互动的重要理论框架。在合作治理理论的指引下,社会组织的发展问题始终是政社关系的核心。与西方国家不同的是,中国治理主体的复杂性及其发展路径的多变性,反映了深化改革的总体特征:从政府主导到多元共治,社会组织既是公共性生产组织,也是政府进行合作治理的对象,还受到不同社会力量整合的影响。改革开放以来,社会组织受到市场经济和行政改革的影响,获得了较为宽松的发展环境。但在以社团、基金会和社会服务机构为主体的社会组织分类上,对于部分社会组织参与社会治理依然存在着制度、组织和行动上的障碍。近年来的政府鼓励性条款,实施了社会组织规范化、透明化和激励化管理,革除社会组织双重管理体制，改为直接登记。新的公共服务多元治理格局正在形成。

事实上，社会组织的发展，在多元主体追求协同共治的目标中，出现了预期和非预期的结果。比如，社会组织参与治理的积极性高但自主性有限，社会组织使命提升但竞争优势不明显，自组织动员能力强而资源汲取能力弱。这些问题都与社会组织专业化发展密切相关，其中关键要素就是社会组织专业人才。

在这里，社会组织"专业人才"是指："在社会组织的特定岗位上专职工作，具有一定知识、经验和技能，能够获取相应报酬的人才。"主要包括决策领导人才、执行管理人才和社会工作服务人才，不含兼职人员、劳务派遣人员、返聘的离退休人员与志愿者等。关于社会组织发展的观点普遍认为，目前，社会组织专业人才缺失。从行业服务领域和纵向研究的角度出发，学界部分研究指出了社会组织专业人才缺失的原因，却始终未提出一种"整体性"解释：中国政府大力推进合作治理，社会组织参与意愿日益高涨，但为何其专业化发展仍是困难重重。实际上，以政府购买服务作为发展契机的社会组织，已经开始分化转型，社会组织专业人才从组织外进入组织内生长发育的过程，其作用的方式和程度也发生了变化。这种变化并非是单向的直线发展，而是随着国家与社会、中央与地方的制度环境变迁，呈现出纵横交织的多向关系。由此，本研究想要深究的问题是：现有的制度环境特征，对社会组织专业人才生长产生了什么影响？中国各省份的社会组织吸纳专业人才是否受到组织规模与劳动力就业的宏观作用？它们究竟是趋同还是存有差异？社会组织专业人才从组织外到组织内受到何种力量的形塑，组织内人才生长建构的过程与政府、组织结构和职业发展之间的关系如何？这种现实博弈能否形成不断适应治理能力现代化、不断推动社会需求发展的具有中国特色的社会组织专业人才培育路径？为了解决上述研究问题，本研究的理论意义和实践意义如下：

一是理论意义。探讨以政府购买作为重要动力的社会组织逐步从"行政依附"剥离的转型进程。国家与社会进入新整合方式的嵌入性时期，宏观制度环境与地方政策体系分层作用于社会组织专业人才生长进程。通过构建从关系到结构、从边缘到核心的综合解释框架，挖掘社会组织人才游离于组织之外的深层次含义，辩证剖析社会组织专业人才从组织、职业到自我的冲突与融合，提出组织与专业人才一体化生长的理想构型。探讨关系资源、行动结构网络、组织认同、组织吸引等要素对人才"组织化"生长程度的影响。研究政府、社会组织和人才生长的三方互动关系，专业人才在制度、组织与个体诉求多维培育空间的可能性与延展性，对公益慈善人才社会化互动开发进行理论概括，丰富转型时期社会治理多元化与公共服务高效供给的理论体系。

二是实践意义。由于现阶段社会组织人才的生存受到了严重挑战，目前总体呈现供少、需多、流失快的局面。这不利于社会组织长远发展，从而影响政府、市场、社会三元格局的形成。实证调查分析可为社会组织人才政策的制定提供现实依据。通过分析目前有代表性意义的承接购买服务的人才载体（如北京、深圳、上海等社会团体与行业协会、社区社会组织）与政府的转型关系，具体探讨专业人才生长的作用机理，评价人才对组织的认可程度及职业发展空间。激发社会组织人才活力，以社会组织人才专业化和职业化发展来实现国家与社会合作治理的良性循环。

二、国内外文献回顾

以"政府购买服务"等相关词汇❶为篇名对中国知网进行大致检索，国内最早发表的期刊论文始于1991年，当年只有1篇相关文章。2014年达到峰值3192篇。以"人才生长机制"或"人才发展机制"为篇名对中国知网进行模糊检索，国内最早发表的期刊论文始于20世纪90年代。通过汤森路透1993—2016年数据库提供的引文报告分析国际上本主题研究的活跃程度。本研究以社会组织（Social Organization）、社会工作（Social Work）、治理理论（Governance Theory）或政府购买（Government Purchase）为关键词，同时从这些主题中抽取人才管理（Talent Management）、机制（Mechanism）等关键词，了解社会组织人才生长机制的研究热度。

自1997年以来，研究总体上平稳增长，2009年和2015年出现了两次研究热潮，研究实现跨越式增长。2016年以后，每年的引文数呈现出逐年稳步递增的态势。从总体研究趋势发展来看，相关研究主要集中在社会组织治理结构、政府购买服务兴起后社会组织与政府的关系、社会组织人才资源开发与管理这三个方面。

（一）社会组织内部治理结构研究

从传统国家—社会二元模式的角度来看，国家与社会的关系是对立的。Kojima等（2012）基于对中国社会组织2001—2004年的调查，发现越晚成立的社会组织越倾向于向更高度的自治发展，越渴望独立于政府部门，并且更能代表公众的利益。以社区为基础的社会组

---

❶ 相关词汇包括公共服务外包、政府向社会组织购买服务、购买服务、项目制治理、社会组织人才等。

织，愿意帮助改善紧张的国家和社会的关系。为了彰显社会组织的价值观和实现公共利益，社会组织从业人员也愿意与政府协商洽谈。❶通过获得领导干部的信任，从业人员用辅助性、协同性和互惠性原则引导政府领导干部，从而建立起沟通、咨询和其他模式的合作发展模式。

从国家中心理论视角来看，纪莺莺（2016）认为，国家对社会和经济一系列的改革不断调整着政府对社会组织发展的管理策略。❷政府为构建基本公共服务的多元供给机制，实现基本公共服务均等化、优质化、标准化。政府通过购买公共服务与社会组织进行合作，达到政府职能转换和降低公共管理成本的目的。社会组织作为承接政府购买公共服务的主体，在政社分开背景下，购买服务是其获取资源得以发展的主要途径。姜晓萍等（2019）发现，随着"政府购买公共服务"的推行，部分地区或领域出现了"官僚式外包"的现象，即行政力量过度干预社会组织的运行。政府的行为逻辑主导了利益相关者的行为，不利于组织的发展。❸吴月（2019）以安老类社会组织为研究对象，分析政府治理取向对社会组织发展的影响。政府对社会组织发展的策略主要有两种，即选择性赋权和可控式发展策略，希望通过政府购买公共服务可以提高社会问题的解决效率和社会治理质量，但又担心政府购买公共服务存在失控的风险，会造成社会的不稳定。也正是由于政府策略的模糊导向，对社会组织的发展产生了积极或消极的影响。❹许鹿等（2019）发现，政府通过制度嵌入，在政

---

❶ Kojima K, Choe J Y, Ohtomo T, et al. The Corporatist System and Social Organizations in China [J]. Management & Organization Review, 2012, 8 (3).

❷ 纪莺莺. 国家中心视角下社会组织的政策参与：以行业协会为例 [J]. 人文杂志, 2016 (4).

❸ 姜晓萍, 康健. 官僚式外包：政府购买公共服务中利益相关者的行动逻辑及其对绩效的影响 [J]. 行政论坛, 2019 (4).

❹ 吴月. 治理取向、项目制与社会组织发展：一项经验研究 [J]. 人文杂志, 2019 (5).

府购买社会组织服务中会通过政策约束、机构设置、评估检查和项目资金等途径对社会组织服务的开展产生不同程度的影响，造成阻碍社会组织发展的一些问题，社会组织需要不断地进行自我调适来适应政府对其管理的变化，否则就会危及社会组织的生存。❶ 重要的是，不少学者发现社会组织内部治理模式会影响社会组织的可持续发展。

第一，社会组织的领导能力对组织的发展至关重要。郑烨和樊娟（2010）从民间组织董事会（理事会）与领导者（秘书长）的关系、领导者与有酬员工的关系等视角出发，指出社会组织的真正领导者往往不是理事会，而是少数几位常务理事、执行理事或秘书长。特别是秘书长对提高社会组织效率、鼓舞员工士气、积淀信任与互惠等社会资本等方面都负有重要的作用与使命。❷

第二，社会组织还存在着现职、退（离）休官员担任理事的治理现象。学会、协会等社会组织"官味"浓重，在强烈的行政化色彩下，一些社会组织特别是行业协会、商会容易被异化。卢永彬、徐家良和卫玮（2015）对比了我国内地和香港红十字会的治理结构差异。中国红十字会的理事会结构成员对组织情况缺乏深入了解，常造成信息不对称的状况。❸ 陈婧怡、仝宗莉（2016）研究了对退（离）休干部到社会团体兼职进行备案审查管理，行政机关不得推荐、安排在职和退（离）休公务员到行业协会、商会兼职，从严控制现职干部社会组织兼职审批。现职公务员、全国老龄办和部直属单位领导班子成员不得在基金会、民办非企业单位和已脱钩的行业协会商会兼

---

❶ 许鹿，杨小寻. 社会组织在政府购买服务中的自我调适［J］. 贵州社会科学，2019（5）.
❷ 郑烨，樊娟. 民间组织中的领导力问题研究——以领导者与下属之间关系为视角［J］. 商场现代化，2010（23）.
❸ 卢永彬，徐家良，卫玮. 社会资本视角下慈善组织公信力影响因素研究［J］. 北京行政学院学报，2015（2）.

职,未经批准不得在社会团体兼职。❶

第三,社会组织价值选择影响组织发展。王杰、朱志伟和康姣(2018)研究了本土情景下社会组织"失灵"的原因,指出社会组织迫于生存压力出现了行政倾向与市场倾向,组织行为偏离了公益性,导致资源配置效率低和价值选择的非公共性。❷ 许鹿等(2019)认为,社会组织对志愿性和专业性两个方面的选择影响了社会组织解决社会公共问题的能力,进而影响了组织公信力。❸

第四,政府互动、资源依赖与竞争、社会组织命名等外部力量也会影响社会组织的发展。王浦劬(2010)提出,当社会组织参与救灾工作时,通过提高服务的数量与质量,加强与当地政府的宣传和互动,对自身发展有明显的促进作用。❹ Ceptureanu Sebastian Ion、Eduard Gabriel、Sassu Razvan Victor(2017)提出,由于外部资源竞争扩大,一些传统捐助者削减或减少了支持,许多社会组织面临着资金短缺的巨大压力,组织发展举步维艰。❺ 易艳阳(2019)基于对助残社会组织的研究认为助残社会组织的"单维"资源依赖特征尤为突出,社会组织具有明显的"脆弱性",同时,外部资源和资源竞争对基层非营利组织透明度产生重大影响。❻ 齐海丽(2016)评论社会组织的命名时指出,社会组织是以否定来定义的,例如,非政府组织、非营

---

❶ 陈婧怡,仝宗莉. 民政部:从严控制并清理规范现职干部社会组织兼职 [EB/OL]. [2016-02-17]. http://politics.people.com.cn-n1/2016/0217/c1001-28129638.html.

❷ 王杰,朱志伟,康姣. 政府购买公共服务背景下的第三部门失灵及其治理 [J]. 领导科学, 2018 (32).

❸ 许鹿,杨小寻. 社会组织在政府购买服务中的自我调适 [J]. 贵州社会科学, 2019 (5).

❹ 王浦劬,萨拉蒙,等. 政府向社会组织购买公共服务研究:中国与全球经验分析 [M]. 北京:北京大学出版社, 2010:207-209.

❺ Ceptureanu S I, Ceptureanu E G, Sassu R V. Financing of Romanian Non-Govermental Organizations [J]. Management and Economics Review, 2017, 2 (1).

❻ 易艳阳. 助残社会组织内源发展动因与策略研究 [J]. 江淮论坛, 2019 (2).

利组织等，社会对社会组织的不信任是与生俱来的。❶ 俞可平（2006）认为社会对社会组织持四种消极态度：轻视和蔑视社会组织、不信任社会组织、害怕社会组织、敌视社会组织。❷ Lu Shuang、Deng Guosheng、Huang Chien‐Chung、Chen Mengli（2018）对草根社会组织的实证研究结果表明，中国慈善环境处于起步阶段，中国基层组织的透明度总体上仍较低。❸

（二）政府购买背景下社会组织与政府关系研究

对于社会组织与政府保持什么关系为宜，社会组织与政府保持亲密或疏远的关系对自身有何影响等问题尚无确切定论，以下将回顾这一理论争鸣。

萨拉蒙（2002）提出"新治理"模式的全球发展趋势，强调通过政府和公民社会组织的合作和伙伴关系来满足社会和经济需求。❹ 从社会组织与政府的"亲密"与"疏远"的二元关系来看，Knapp（1990）等学者认为社会组织与政府过度亲密会对其自主性产生威胁。社会组织的大部分经费来自政府购买，社会组织就真的难以保持自主性了吗？❺ Kramer（1993）却认为，多数国家的社会组织在与政府保持合作关系的同时，兼顾组织的自主性。他意识到社会组织的差异化。在比较英国、荷兰等地的社会组织与政府的关系时，他指出荷

---

❶ 齐海丽. 政府与社会组织依赖关系的发生机理与治理之道——基于政府购买社会组织服务的视角［J］. 学习与实践，2016（2）.

❷ 俞可平. 改善我国公民社会制度环境的若干思考［J］. 当代世界与社会主义，2006（1）.

❸ Lu S，Deng G S，Huang C C，et al. External Environmental Change and Transparency in Grassroots Organizations in China［J］. Nonprofit Management and Leadership，2018.

❹ 莱斯特·M. 萨拉蒙. 政府工具：新治理指南［M］. 肖娜，等译. 北京：北京大学出版社，2016.

❺ Knapp M，Robertson E，Thomason C. Public Money，Voluntary Action：Whose Welfare，in Helmut K. Anheier & Wolfgang Seibel，The Third Sector：Comparative Studies of Nonprofit Organizations［M］. New York：Walter de Gruyter，1990.

兰的政府与社会组织偏向冲突关系，而英国的社会组织不但与政府保持合作关系，也帮助维护福利国家制度的合法性。❶ Kuhnle、Selle（1994）在关系的"亲（整合）""疏（分离）"这一维度上增加了"财务控制"维度，划分了自主型与依附型。这两个维度对社会组织与政府关系进行了四类划分：整合依附型、分离依附型、整合自主型、分离自主型。❷ 凯特尔（2009）研究发现政府购买公共服务存在着突出的"供给方缺陷"和"需求方缺乏"的现象。❸ 不仅仅只是如何促进竞争的问题，Meeyoung Lamothe、Scott Lamothe（2009）认为，在政府购买公共服务的问题上信奉"竞争的处方"本身就是狭隘的。他们提出应超越竞争与非竞争的二元分析框架。❹ Zaidi Shehla、Mayhew Susannah H、Cleland John, et al.（2012）提出政府在与 NGO 签订合同时，会考虑 NGO 在当地的执行和治理能力以及可以服务的地域范围，同时政治因素也将会在签订的合同中具有突出影响。❺ Murdie、Amanda（2014）指出，NGO 之间的相互信任对于治理结构具有较强的依赖性，在非西方国家尤为显著，对安全的关注和领导力协调的欠缺使得 NGO 之间的合作需要变得更迫切。❻ Haeil Jung, et al.（2018）通过实证研究得出结论：非营利组织（即公共慈善机构）可以成为有

---

❶ Kramer R M. Privatization in Four European Countries: Comparative Studies in Government - Third Sector Relationships [M]. New York: M. E. Sharpe, 1993.

❷ Bielefeld W, Kuhnle S, Selle P. Government and Voluntary Organizations: A Relational Perspective [J]. Contemporary Sociology, 1994 (4): 617 - 620.

❸ 唐纳德·凯特尔. 权力共享：公共治理与私人市场 [M]. 孙迎春，译. 北京：北京大学出版社，2009：27~29.

❹ Meeyoung L, Scott L. Beyond the Search for Competition in Social Service Contracting: Procurement, Consolidation, and Accountability [J]. American Review of Public Administration, 2009, 39 (2).

❺ Zaidi S, Mayhew S H, Cleland J, et al. Context Matters in NGO - Government Contracting for Health Service Delivery: a Case Study from Pakistan [J]. International Studies Perspectives, 2012, 27 (10).

❻ Murdie, Amanda. Scrambling for Contact: The Determinants of Inter - NGO Cooperation in Non - Western Countries [J]. Review of International Organizations, 2014, 9 (9).

价值的政府合作伙伴，以应对具有挑战性的社会政策和计划。❶

　　Das Ashis、Friedman Jed、Eeshani Kandpal，et al.（2018）通过研究总结出非营利组织在社会公共服务中的力量越来越大，旨在提高服务质量或效率的政府与非国家行为者之间的伙伴关系在当今的发展政策环境中越来越普遍。❷ Gaudreau M（Gaudreau Matthew）、Cao H H（Cao Huhua）（2015）研究表明，调节性治理可理解 NGO 治理结构、政社信息分享和政府与 NGO 的多种合作模式。❸ 一部分研究认为，在解决社会公共问题中，政府与社会组织是平等的合作伙伴关系。Sun Y（Sun Ying）（2014）讨论了政府与社会组织合作的原因、合作关系的类型以及构建公共服务的合作机制，并探讨了"小政府、大服务"的理想路径。❹ Dong Y（Dong Yang）、Liu Y X（Liu Yinxi）（2015）认为，公共部门的逆向承包改革对于促进政府公共部门的发展具有非常重要的实践价值。❺ 也有部分研究认为，社会组织在解决社会公共问题方面的作用更多是协助政府公共部门。Gupta Divya、Koontz Tomas M（2019）在研究中强调，尽管政府和非政府组织在某些限制条件下工作，但它们的融合可以弥补彼此的局限性，协同促进社区在社会治理方面的作用。❻

---

　　❶ Jung H, et al. Should Government Go It Alone or With a Partner: A Comparison of Outcomes from a Work Release Program Using Different Policy Tools [J]. Public Administration Review, 2018, 78 (4).

　　❷ Das Ashis, Friedman Jed, Eeshani Kandpal, et al. Does involvement of local NGDs enhance public service delivery? Cautionary evidence from a malaria – prevention program in India [J]. Health Economics, 2018, 27 (1).

　　❸ Gaudreau M, Cao H H. Political Constraints on Adaptive Governance: Environmental NGO Networks in Nanjing, China [J]. The Journal of Environmen & Development, 2015, 24 (12).

　　❹ Sun Y. The Partnership Between the Government and Social Organizations from the Perspective of Public Service [J]. Proceedings of 2014 International Conference on Public Administration, 2014, 2 (10).

　　❺ Dong Y, Liu Y X. On Reverse Contracting in China's Reform of Public Institutions from the Perspective of Government Purchase on Public Service [J]. International Conference on Public, 2015, 2 (11).

　　❻ Gupta D, Koontz T M. Working Together? Synergies in Government and NGO Roles for Community Forestry in the Indian Himalayas [J]. World Development, 2019 (114).

除了关系的"亲疏"二元划分,Jennifer、Coston(1998)还将政府与社会组织之间的关系分为冲突、竞争、合作三大类的八种关系模式。❶ 其中竞争居中间,竞争关系既有可能走向合作,也有可能走向冲突。合作又可以进一步拆成合约、第三政府、合作、互补、合产等形式。冲突则可以进一步拆成对抗、抑制。虞维华(2005)从资源相互依赖视角提出社会组织并非单方面有求于政府,不能简单地得出社会组织依附于政府、缺乏自主性等结论。❷ 胡薇(2012)在研究中指出,政府向社会组织购买服务标志着政府公共服务供给模式的转型,也代表着政府对社会组织管理策略的重要转变。❸ 张文礼(2013)指出,近些年来我国政府有意识地和社会组织在公共服务领域开展合作,在合作的基础上逐渐出现双方共强的关系。❹ 不少学者从组织社会学的视角考察了社会组织对法律、政策、资源的依赖,决定了其生存发展的方式及其策略选择。随着社会组织规模不断扩充,参与的社会公共事务范围不断扩大,政府购买公共服务促使政府与社会组织的关系在新合作框架下发生变化。徐家良等(2015)运用合法性理论的分析框架,评价政府购买绩效的合法性和有效性,认为存在政策绩效和公共服务双重关系。❺ 马庆钰等(2012)认为,社会组织也在定位自身与政府的关系。❻ 许鹿和杨小寻(2019)认为,社会组织根据政府购买服务的不同制度嵌入类型,在社会组织志愿性

---

❶ Jennifer M, Coston. A Model and Typology of Government - NGO Relationships [J]. Nonprofit and Voluntary Sector Quarterly, 1998, 27 (3).
❷ 虞维华. 非政府组织与政府的关系——资源相互依赖理论的视角 [J]. 公共管理学报, 2005 (2).
❸ 胡薇. 政府购买社会组织服务的理论逻辑与制度现实 [J]. 经济社会体制比较, 2012 (6).
❹ 张文礼. 合作共强:公共服务领域政府与社会组织关系的中国经验 [J]. 中国行政管理, 2013 (6).
❺ 徐家良,许源. 合法性理论下政府购买社会组织服务的绩效评估研究 [J]. 经济社会体制比较, 2015 (6).
❻ 马庆钰,谢菊. 政府购买社会组织服务的规范化 [J]. 理论探讨, 2012 (6).

和专业性两个方面进行着自我调适，进而促进社会组织的不断发展。❶ 郭智强等（2019）借鉴了香港的成功经验，研究了"混合经济模式"这一政府与社会组织新型的互动关系，指出"混合经济模式"合作方式最大的特点就是以社会企业的方式推进社会组织创新，形成政府与社会组织新的合作关系。❷

嵌入性、地方协同性和实践差异性三个角度的研究成果较为丰富。

从嵌入理论角度来看，刘鹏（2011）运用"嵌入型监管"这一概念对"较高的制度化水平、较强的合法化吸纳能力、明确的重点识别和区分以及多元化的管理手段"等社会组织政策管理进行了概括。❸ 王志华（2012）认为，体制嵌入的结果是社会组织的公共性、独立性、志愿性和非政府性等组织特性缺失，进而导致公共服务供给水平下降。❹ 齐海丽（2012）认为，在政府监督不力和社会组织能力不足的状况下必须寻求政府和社会组织两者合作的新模式，即从政府包办转为政府购买和从制度化协同走向联动嵌入。❺ 管兵（2015）通过研究942个公益服务项目和承接项目的356个组织的具体资料，发现在政府购买服务的实践中，存在着非常显著的反向嵌入性，即国家嵌入社会。❻ 吉鹏（2019）认为在两个主体不同的嵌入动因的作用下，易导致购买场域的固化、社会组织自主性弱化和社会服务"内

---

❶ 许鹿，杨小寻. 社会组织在政府购买服务中的自我调适［J］. 贵州社会科学，2019（5）.
❷ 郭智强，招宇明. 政府与社会组织新型互动关系构建——来自香港"混合经济模式"的经验［J］. 东莞理工学院学报，2019（4）.
❸ 刘鹏. 从分类控制走向嵌入型监管：地方政府社会组织管理政策创新［J］. 中国人民大学学报，2011（5）.
❹ 王志华. 论政府向社会组织购买公共服务的体制嵌入［J］. 求索，2012（2）.
❺ 齐海丽. 公共服务供给中的政府与社会组织合作：现状评估与趋势预测［J］. 经济体制改革，2012（5）.
❻ 管兵. 竞争性与反向嵌入性：政府购买服务与社会组织发展［J］. 公共管理学报，2015（3）.

卷化"等一系列消极影响。❶

从地方协同角度来看，金国坤（2010）提出顺应行政社会化趋势，国家应当鼓励和扶持社会组织的发展，建立起合作伙伴关系。❷张宇等（2013）认为，我国地方政府与社会组织必须区分地方政府与社会组织的职能领域以及利益关系、责任关系和互信关系。❸王焰等（2017）和罗兴鹏等（2019）主张推动政府购买服务、政府和社会资本合作（PPP）、政府与社会组织合作，构成协同共进以实现公私部门之间的投资和收益分配，从而保证政府购买服务的质量和水平。❹❺

从实践差异性角度来看，马玉洁、陶传进（2014）提出尊重社会选择关系，将会使公共服务的提供效率、政府的职能转变以及NGO发展得到额外的效果提升。❻何云峰等（2011）以"上海社区公益创投"为案例，政府通过资助性投入或资助性购买来扶植和培育新生社会组织的发展，构成"催化"关系。❼刘传铭等（2012）通过对北京市某区的实地调查，与政府相关部门及13家社会组织的半结构式访谈，归纳出了强伴生模式、伴生模式、弱伴生模式、无伴生

---

❶ 吉鹏. 政府与社会组织的互动嵌入研究——基于政府购买社会服务的考量 [J]. 长白学刊，2019（1）.

❷ 金国坤. 论政府对社会组织管理的机制创新——"民办非企业单位"引发的行政法思考 [J]. 法学论坛，2010（6）.

❸ 张宇，刘伟忠. 地方政府与社会组织的协同治理：功能阻滞及创新路径 [J]. 南京社会科学，2013（5）.

❹ 王焰，张向前. 购买服务、社会资本合作（PPP）中政府与社会组织合作模式研究 [J]. 科技管理研究，2017（18）.

❺ 罗兴鹏，张向前. 政府购买服务、PPP与社会组织合作机理研究 [J]. 企业经济，2019（4）.

❻ 马玉洁，陶传进. 社会选择视野下政府购买社会组织服务研究 [J]. 中国行政管理，2014（3）.

❼ 何云峰，孟祥瑞. 政府对新生社会组织的催化与公共服务社会化 [J]. 上海师范大学学报（哲学社会科学版），2011（7）.

模式四种合作关系。❶ 周俊（2014）指出制度不足和制度多样性导致政府与社会组织关系复杂化，亟须加强政会关系。❷ 马全中（2019）基于广东欠发达地区的购买实践，对政府向社会组织购买公共服务项目制模式进行了研究，解决的是政府与社会组织之间项目资源配置关系。❸

不难看出，政府与社会组织之间的关系是资源依赖、动态调整、择机合作、准规范化的曲线发展过程，这些关系模式无法统一，在现实中显得纷繁复杂，这是由于中国政府与社会组织之间存在着层层张力。中央政府与省、市、县级政府，社会组织与社会组织之间均有竞争和合作，而关系的核心实质在于社会组织实际治理能力。

（三）社会组织人才资源开发与管理研究

国外研究中，美国非营利组织拥有完整的人力资源开发与管理系统，员工优厚的工作福利和完善的退休计划确保了社会组织员工的稳定性。澳大利亚通过职位价值报酬制有效地激励了员工的工作积极性。这些人力资源管理理念和成功运作模式都为我国社会组织人力资源建设提供了可供选择和参考的范本。❹ 专业人才对社会组织的发展具有决定性的作用。

社会组织的治理模式与社会组织人才吸引相互联系。非营利组织是通过改革非营利组织管理模式来实现组织人力资源开发的，社会组织管理主体的单一性转向治理主体的多元性，可以从顶层设计

---

❶ 刘传铭，乔东平，高克祥. 政府与社会组织的互动模式——基于北京市某区的实地调查 [J]. 经济社会体制比较，2012（3）.
❷ 周俊. 政府与社会组织关系多元化的制度成因分析 [J]. 政治学研究，2014（5）.
❸ 马全中. 政府向社会组织购买公共服务项目制模式研究——基于广东欠发达地区的购买实践 [J]. 领导科学，2019（8）.
❹ 魏於钰. 我国社会组织人力资源开发与管理研究 [D]. 杭州：浙江大学，2012.

方面疏通人才跨部门流动的通道，让社会组织从政府、市场吸引人才成为可能。社会组织作为多元主体参与治理的有效性很大程度受到人才社会认同性的影响，认同性的关键在于人才的社会化、市场化。社会组织人才的社会化是指政府的舆论宣传在多大程度上认同社会工作的理念，社会在多大程度上了解社会工作者的专业性，社会在多大程度上认可社会工作者的社会地位。社会组织人才的市场化，是指社会组织能否提供与政府、企业组织相比具有竞争性的薪酬福利，从而吸引和保留优秀人才。Kong Eric（2015）讨论了社会智能对于非营利组织中人力资本开发和组织学习创新的作用和影响。[1] Doherty Bob、Haugh Helen、Lyon Fergus（2014）认为对于复杂性的识别是社会企业金融和人力资本动态获取的关键，并给出了管理模型作为对金融危机后社会企业发展问题的解读。[2] Dubois C L Z、Dubois David A（2012）暗示系统性生态方法为设计和实施社会组织人力资源系统的开发提供了持续性环境支持。[3] 最后，社会组织中领导力的风格也会影响社会组织的组织承诺对人才的吸引力。Allen Stuart、Winston Bruce E、Tatone Gia R，et al.（2018）重点关注了在非营利组织中领导者与有酬员工之间的对话，通过结构和心理赋权研究了领导力对组织承诺的关系，这种领导力为社会组织专业人才创造了结构性能力的工作环境，以支持员工对组织的更大承诺。[4] Nascimento Thaina

---

[1] Kong E. A Qualitative Analysis of Social Intelligence in Non-profit Organisations: External Knowledge Acquisition for Human Capital Development, Organizational Learning and Innovation [J]. Knowledge Management Research & Practice, 2015, 13 (11).

[2] Doherty B, Haugh H, Lyon F. Social Enterprises as Hybrid Organizations: A Review and Research Agenda [J]. International Journal of Management Reviews, 2014, 16 (4).

[3] Dubois C L Z, Dubois D A. Strategic HRM as Social Design for Environmental Sustainability in Organization [J]. Human Resource Management, 2012, 51 (11).

[4] Allen S, Winston B E, Tatone G, et al. Exploring a Model of Servant Leadership, Empowerment and Commitment in Nonprofit Organizations [J]. Nonprofit Management and Leadership, 2018, 29 (1).

T、Porto Juliana B、Kwantes Catherine T（2018）研究了非营利组织中变革性领导如何提高社会组织成员的主动性，为领导者发挥人力资源效用最大化提供了借鉴意义。❶

另外，非营利组织人力资源开发对非营利组织的发展具有重要意义。Li Shichao（2011）认为人力资源计划对于社会工作组织具有很重要的意义，提出人力资源计划可以帮助组织发展战略，为人员稳定和降低劳动力成本提供支持，并分析了社会工作专业化、组织内部和外部的环境因素和组织目标系统。❷ Cheng Yulian（2010）认为社会中介组织在中国社会治理中扮演着越来越重要的角色，许多学者研究公共人力资源管理，但多数研究都未涉及社会中介组织人力资源问题。❸ Lu Mingyuan、Li Geng（2015）调查了中国 NGO 合作中的领导者和行政管理者数据，研究发现真正的领导力与心理资本、知识分享密切相关，并且能够因此提高员工的工作意愿，提升非营利组织的实际运营能力。❹ Swiecanska、Paulina（2013）阐述了任意型领导的优势和劣势，提供了一个独特的非传统管理哲学，尤其是艺术类 NGO 多采取这一领导治理模式。❺

社会组织能否健康持续发展取决于是否有稳定有效的人才资源。而人才的吸引、保留、培养、使用是人才资源开发与管理的重要环

---

❶ Nascimento T T, Porto J B, Kwantes C T. Transformational Leadership and Follower Proactivity in a Volunteer Workforce [J]. Nonprofit Management and Leadership, 2018, 28 (4).

❷ Li S C. Human Resource Play in Social Work Organizations [J]. 2011 International Conference on Applied Social Science, 2011, 3 (3).

❸ Cheng Y L. The Status, Defects and Trends of Social Intermediary Organizations' Human Resource Management [J]. Proceedings of 2010 International Conference on Public Administration, 2010, 3 (10).

❹ Lu M Y, Li G. A Study on the Effects of Authentic Leadership on Psychological Capital and Knowledge Sharing in China Association for NGO Cooperation [J]. Knowledge Management Research & Practice, 2015, 65 (12).

❺ Swiecanska, Paulina. The Aleatoric Leadership Role – The Choreography of Intellectual Capital in the NGO, Processdings of the 5th European Conference on Intellectual Capital [J]. Knowledge Management Research & Practice, 2013.

节。非营利组织与营利组织出发点不同，人才资源既有微观个体因素，包括情绪、智力、经验、能力、素质等，又有社会组织中观非营利性、使命感和价值感的因素，还受到宏观国家制度环境变迁的影响。

社会组织的快速发展出现了人力资源匮乏的问题，对人才的需求开始急剧增长。社会组织开始致力于吸纳人才，从根本上解决人力资源匮乏的问题。近几年来，中国社会组织的人力资源开发与管理取得了明显的成绩，社会组织汇集了越来越多的管理人才、专业技术人才和技能人才，开始成为吸纳就业的重要渠道、培养人才的有效途径和评价人才的重要平台。

关秀明（2008）专门针对广东佛山市行业协会人力资源配置情况以及管理与开发现状进行了调查分析。❶ 白素娟（2011）以包头市社区社会组织的个案调研为基础，全面考察和分析了社区社会组织的人力资源现状。郁建兴等（2010）对我国行业协会的人力资源现状进行了调查分析，指出其困境并认为实现与政府、企业的协同共享机制是解决人力资源问题的突破点。❷ 邢博（2011）基于上海市基金会从业人员专业化、年龄结构等情况进行调查，分析了非营利组织职业化以及人员专业化的重要性。❸ 刘兰华（2014）认为目前非营利性社会组织在提供服务中呈现出专业水平不足的根本原因在于人力资本专有性程度不足，从而导致专业化、职业化程度不高，解决这类组织人力资源困境的关键是构建从业人员的胜任素质模型，进行资格

---

❶ 关秀明. 广东佛山市行业协会人力资源开发与管理现状探析［J］. 中小企业管理与科技，2008（20）.
❷ 郁建兴，金常明，张伟林，等. 行业协会管理［M］. 杭州：浙江人民出版社，2010.
❸ 邢博. 非营利组织职业化建设及人员专业化研究——基于上海市基金会从业人员专业化情况调查［J］. 现代商贸工业，2011（21）.

认证。❶ 李科（2014）对影响样本行业协会潜在绩效的因素进行实证分析，发现专职人员数量与质量、人均净资产余额、会费收入是目前影响协会潜在绩效水平的主要因素。❷

要保持社会组织的可持续发展，必须尽快建立一个有效的人力资源管理体系。❸ 要解决这个问题，完善社会组织的人才吸引机制是首要任务。

首先，社会组织与政府之间关系的改善是组织吸引人才的有效手段。王思斌（2011）指出社会工作发展在新的社会管理格局的逐步形成下，将走向政府—专业合作的深度嵌入；❹ 在合作方式上，崔月琴等（2015）认为明晰政社关系边界的内涵、明确政府在其中的角色定位以及推动制度创新是社会组织治理模式转变的关键。❺ 杨珊（2013）指出在我国慈善事业中，政府对慈善公益组织的地位影响巨大，当前的慈善事业正处于从行政垄断型向开放市场型转变的阶段，转变的关键在于合理定位政府和慈善公益组织之间的关系。❻ 崔月琴等（2014）发现，社会组织治理结构面临着来自政府外部管理、组织间交往、组织资源获取以及组织"继承人"危机等诸多因素的压力和挑战。❼ 崔月琴等（2014）认为，对于我国宗教慈善组织，应加强自身社会身份的建构，建立与政府部门的合作关系以及推进慈善

---

❶ 刘兰华. 非营利性社会组织能力建设中的人力资源紧张及其纾解［J］. 兰州学刊，2014（11）.

❷ 李科. 行业协会潜在绩效水平影响因素实证研究——以湖南部分省级协会为例［J］. 湖南社会科学，2014（2）.

❸ 魏於钰. 我国社会组织人力资源开发与管理研究［D］. 杭州：浙江大学，2012.

❹ 王思斌. 中国社会工作的嵌入性发展［J］. 社会科学战线，2011（2）.

❺ 崔月琴，沙艳. 社会组织的发育路径及其治理结构转型［J］. 福建论坛（人文社会科学版），2015（10）.

❻ 杨珊. 论慈善公益组织的法律地位［J］. 西南交通大学学报（社会科学版），2013，14（6）.

❼ 崔月琴，袁泉，王嘉渊. 社会组织治理结构的转型——基于草根组织卡理斯玛现象的反思［J］. 学习与探索，2014（7）.

活动专业化发展，是我国宗教慈善组织走出困境的可行路径。[1]黄晓春（2015）通过引入政府行为研究的相关理论，聚焦地方政府在制度生产风险和弱激励的双重影响下发展社会组织的实践过程，在中观层面识别当代中国社会组织发展特征。[2]黄晓春等（2014）以当前快速发展的公共服务型社会组织为例，展现出其在既有制度环境下策略性行动的复杂机制，以及由此可能产生的社会后果。[3]郁建兴等（2012）提出从制度强化向社会赋权制度、清除落后制度以及建立健全促进社会健康成长的支持培育制度三个层面同步推进，并形成不同制度间的合力。[4]纪莺莺（2013）指出应当跳出单一维度的争论而引入关注政治经济结构的宏观视角，在中观层面上解释组织间差异和具体、细致地讨论组织内部的群体生活特征。[5]李国武（2012）讨论了政府官员在行业协会任职现象因行业协会的类型而异，随着制度环境的变迁，政府官员在行业协会任职现象得以存在的合法性基础正逐渐丧失。[6]曾维和等（2014）认为可以构建一个社会组织承接政府购买服务三层级能力体系：其中第二层级是服务提供能力，包括设备完善能力、人力资源能力和专业技术能力；参照这个三层级能力体系，提出了一种能力生态体系的建设方略。[7]史传林（2015）探讨了政府与社会组织合作治理的绩效评价与政府绩效评价和公共治理评价的差异性，从政府与社会组织合作的投入、管理、产出、结果四

---

[1] 崔月琴，孙艺凌. 转型期宗教慈善发展的困境及路径选择［J］. 思想战线，2014（6）.
[2] 黄晓春. 当代中国社会组织的制度环境与发展［J］. 中国社会科学，2015（9）.
[3] 黄晓春，嵇欣. 非协同治理与策略性应对——社会组织自主性研究的一个理论框架［J］. 社会学研究，2014（11）.
[4] 郁建兴，任泽涛. 当代中国社会建设中的协同治理——一个分析框架［J］. 新华月报，2013（4）.
[5] 纪莺莺. 当代中国的社会组织：理论视角与经验研究［J］. 社会学研究，2013（9）.
[6] 李国武. 制度约束下的组织间依赖——政府官员在行业协会任职现象分析［J］. 江苏行政学院学报，2012（7）.
[7] 曾维和，陈岩. 我国社会组织承接政府购买服务能力体系构建［J］. 社会主义研究，2014（3）.

个维度构建了合作绩效评价指标体系。[1]

其次,社会组织自身经营模式的优化促进社会组织发展,进而成为吸引人才的有效手段。第一,从社会管理到社会治理变迁的路径下,社会组织的进一步发展需要实现社会组织的"去行政化"。谢菊等(2016)采用文献计量方法,对2005—2014年十年间社会组织去行政化学术成果进行研究分析,聚焦社会组织去行政化的影响、现状、标准、前提以及社会组织去行政化后的相关问题。[2] 李政刚(2014)指出解决公立科研机构"去行政化",必须在科技体制改革目标的指导下,设计科技行政资源审批和配置制衡模式,合理界定行政权和学术权。[3] 郁建兴等(2016)指出政会分离可以增加社会组织发展活力,但也增加了行业协会的人力资源困境,"人才共享"这一新概念的提出为解决困境提供了新方法。[4] 第二,从社会组织的专业理念上看,费梅苹(2016)以特殊服务对象为例,指出社会组织人才对待服务对象的愿景与使命,与政府管理者在理念上存在较大的差异。[5] 从社会组织的发展举措上看,郭怡(2017)认为生态类社会组织专业人才的培养要探索多方合作机制,促使政府、公众、企业等环保利益相关方对组织工作和需求进行全面了解。[6] 社会组织多元主体参与社会治理,其有效性的提高有助于增加人才社会认同性,实现社会组织人才社会化。周艳玲(2011)归纳了NGO能力提升的保障要素,分析了NGO自身发展能力提升的影响因素,并提出了具体的

---

[1] 史传林. 政府与社会组织合作治理的绩效评价探讨[J]. 中国行政管理,2015 (5).
[2] 谢菊,杨伟伟. 社会组织去行政化研究的文献统计分析——以2005至2014年CNKI中文文献为样本[J]. 中国行政管理,2016 (2).
[3] 李政刚. 从政府主导走向院所治理:公益类科研机构"去行政化"改革研究[J]. 科技进步与对策,2014 (10).
[4] 郁建兴,谈婕. 行业协会人力资源困境的突破及其风险[J]. 行政论坛,2016 (6).
[5] 费梅苹. 政府购买社会工作服务中的基层政社关系研究[J]. 社会科学,2014 (6).
[6] 郭怡. 中国生态环境类社会组织专业人才培养研究[J]. 科技进步与对策,2017 (8).

改进措施。❶ 郭大林（2015）指出我国慈善组织在人力资源的管理、慈善资源的募集与使用、慈善组织公信力建设等方面的现实不足。❷ 刘蕾等（2017）考虑到非营利组织在组织发展过程中出现的各种资源短缺问题，为了扩大组织的影响力，促进组织的可持续发展，通过案例研究证明了非营利组织选择转型成为社会企业是一条有效路径。社会企业作为一种既能兼顾社会目标实现，又能赚取利润维持可持续发展的组织形式，在人才吸引方面，基于资金问题的解决可以聘请更多专业人士加入，同时进行科学化的人力资源管理和培训，提高人员的稳定性和专业化程度。❸

最后，社会组织要形成一套适合自身特点的人力资源管理和人才管理体系，在研究人力资源在非营利组织中的作用时，人力资源宽松化管理对组织创新更能产生积极影响。第一，制度层面。区莹（2010）从中外比较中发现，我国 NGO 人力资源构成存在的主要问题是由体制、文化、习俗观念等因素造成的。改善我国 NGO 人力资源的合理构成，需要从制度建设和组织文化建设两个方面着手。❹ 唐代盛等（2015）提出基于价值观的社会组织人力资源管理运行框架，认为在宏观制度策略上要加强长短期制度供给、中观制度策略上要关注行业自律和治理结构、微观制度策略上要解决人力资源管理框架平稳运行的制度性激励问题，以契合社会组织公益性人力资源的性质和特征。❺ 陈书洁（2016）认为国家与社会关系调整中，社会组

---

❶ 周艳玲. 论 NGO 自身发展能力的提升 [J]. 兰州学刊，2011 (9).
❷ 郭大林. 我国慈善组织管理能力提升的障碍与突破 [J]. 天津大学学报（社会科学版），2015 (3).
❸ 刘蕾，周翔宇. 非营利组织转型社会企业因素研究 [J]. 福建论坛（人文社会科学版），2017 (12).
❹ 区莹. 中外 NGO 人力资源构成的比较研究 [J]. 深圳大学学报（人文社会科学版），2010 (3).
❺ 唐代盛，李敏，边慧敏. 中国社会组织人力资源管理的现实困境与制度策略 [J]. 中国行政管理，2015 (1).

织的专业化发展是核心问题，特别是社会组织能否吸纳专业人才。社会组织人才吸纳行为是基于有效合作治理的前提。❶ 余晓敏等（2011）认为与欧美国家相比，中国社会企业面临的制度环境尚处于发育阶段，为社会企业发展提供的经济、知识、技术和人力资源支持尚十分有限，在所有制性质、税收优惠、组织治理方面仍有待完善。❷ 第二，管理方法层面。张冉等（2011）从员工在非营利部门从业的服务约束性（积极性/被动性）和服务导向性（利他性/利己性）维度构建的非营利部门员工从业动机矩阵将员工从业动机分为四种类型，这将有助于理解员工显性从业选择行为下实际的隐性需求，并可成为未来实证分析的基础。❸ 田常军（2012）考虑到社会组织的特殊性决定了它在吸收人才上存在相当大的劣势，提出了通过与政府和企业部门促进交流，实现人才合作共享、人才柔性流动等以满足社会组织的用人需求。❹ 顾丽娟（2018）参考了品牌内化的概念，将其运用到社会组织人才管理中，提出了三点措施，即品牌认同与匹配优化社会组织人力资源招聘与筛选、品牌培训与宣传加强社会组织人力资源培训与开发、品牌考核与强化促进社会组织人力资源绩效评估与反馈。❺ 第三，激励机制层面。徐静（2016）提出了"人力伙伴"概念，它所关注的是人与组织的关系以及组织内人与人之间的关系。通过共担风险、共享利益，促进人与组织以及组织内部人与人

---

❶ 陈书洁. 合作治理中社会组织吸纳专业人才的制度环境与路径分化 [J]. 中国行政管理, 2016 (9).
❷ 余晓敏, 张强, 赖佐夫. 国际比较视野下的中国社会企业 [J]. 经济社会体制比较, 2011 (1).
❸ 张冉, 凯莉·瑞德佛恩, 珍妮·格林, 等. 非营利部门员工从业动机研究：利他主义的反思 [J]. 浙江大学学报（人文社会科学版）, 2011 (4).
❹ 田常军. 民办高校体育教育人力资源的优化配置 [J]. 山西财经大学学报, 2012 (5).
❺ 顾丽娟. 品牌内化视角下的社会组织人力资源管理研究 [J]. 社会福利（理论版）, 2018 (3).

之间的合作关系，激励员工主动开发自身，发挥自身人力资本。❶ 朱秋玥（2018）认识到社会组织应当结合自身的实际情况，计划性地制定合理的奖励制度，创造更多的职业发展机会，为员工提供更多学习、进修、成长的可能，帮助员工实现人生目标的同时也要加强精神激励，增加员工的组织认同感。❷

三、研究内容

以往研究认为，传统的社会组织专业人才在其服务行业领域内，通过开发胜任力标准、提升职业满意度及丰富教育培训手段就能促使人才主体服务于社会从而实现其职业化追求。但过去很可能忽略了这样一个事实，即在公共服务供给改革中，政社互动使得社会组织作为公共服务提供方已经开始分化转型，专业人才因缺乏对社会组织"事业共同体"的认可，导致组织不等同于事业，事业不等同于职业。人才"组织化"形塑的生长进程受阻，其个体效能的发挥易游离于组织之外，影响公共服务提供机制的持续深化，从而引发社会组织生存发展困境。基于此，本研究集中关注以下四个方面：

第一，分析目前社会组织专业人才生长的制度环境，评估全国及各省市社会组织及其从业人员专业化整体发展水平。提出政府购买服务背景下社会组织"适度嵌入"的主要观点，辨别不同时期的嵌入关系导致的社会组织专业化发展的条件、导向与政策体系，分析社会组织人才生长的制度原因并力求找出矛盾发展过程和规律。

---

❶ 徐静. 公益性非营利组织人力伙伴制度研究——以北京市职工服务中心为例［J］. 北京市工会干部学院学报，2016（2）.

❷ 朱秋玥. 社会组织人力资源管理的现实困境与制度策略分析［J］. 知识经济，2018（12）.

第二，根据嵌入的观点，结合理性选择和职业发展的理论，探讨社会组织人才"组织化"形塑生长矛盾变化及其规律。社会组织人才生长的组织化过程受到关系和结构的双重影响，使得人才与组织的适配呈现了多面性抗争。一方面，人才生长是在社会组织中进行的，人才生长的结果与组织本体息息相关，人才生长的组织化进程是先有对组织的感知、组织的认可，受到组织的感召才会有个体发育；另一方面，人才生长受到社会组织适度嵌入性影响，表现出人才生长与组织建设、人才价值与组织价值、事业发展与职业成长的多维性。

第三，在现存的制度环境作用下，研究社会组织专业人才在"关系—结构"博弈力量中，辨别不同"组织化"人才生长差异性构型及其特征。聚焦关系维度和价值维度的变化发展，探讨专业人才"组织化"形塑的重点，总结结构性调整中专业化发展规律，提出社会组织专业化人才生长的系统作用机制。

第四，实证研究社会组织关系嵌入、结构嵌入与职业成长共同作用于专业化人才生长的影响机制及中介作用、调节作用。找寻社会组织主体建设、内部治理结构和人才发展实现多方共赢的可能性，注重政府购买服务背景下，社会组织"适度嵌入"现存制度环境引致的组织行为和人才个体职业发展的变化。

研究内容具体分为五章：

第一章绪论。主要概述问题的提出、国内外研究综述、研究内容、研究总体思路和研究方法。

第二章探讨嵌入视角下社会组织专业人才生长的制度环境。结合嵌入性理论，考察政府主导的庇护、社会组织选择的代理和契约规制的合作三种嵌入关系及其表现形式。通过手动整理国内统计数据，构建社会组织专业人才发展水平评价指标，横向和纵向对比社会组织专业人才发展的客观情况。讨论了2009—2017年主要年份全国各省市社会组织发展情况、从业人员和专业人才分布总量、结构、层次和水平。归纳了社会组织专业人才生长的三种环境条件，进一步分析中央与地方社会组织专业化发展的政策体系。

第三章围绕"适度嵌入"理论，引入"关系—结构"讨论框架，构建社会组织专业人才"组织化"生长作用机制的理论预设。归纳社会组织专业人才生长的动力因素、论证人才"组织化"生长的开发维度。总结社会组织关系、价值维度引致的人才"组织化"形塑生长过程，提炼四种社会组织人才"组织化"生长的差异性构型及其主要特征。提出社会组织人才生长从关系结构、组织行为到职业成长作用机制的综合假设。

第四章实证研究社会组织专业人才关系嵌入、结构嵌入对人才职业成长的作用机制。通过问卷调查、量表修订与变量测量，解释自变量与因变量之间的相关关系，验证组织认同的中介作用和组织吸引的调节作用，剖析关系嵌入和结构嵌入影响社会组织专业人才职业成长的系统作用机制。

第五章主要概括本研究的研究结论，提炼核心观点并指出政府购买服务背景下社会组织专业人才生长机制的主要矛盾、变化特点与作用规律，对相关问题进行进一步探讨。

四、研究思路

中国政府向社会力量购买服务的契机已推动社会组织分化发展，政社关系在竞争性服务承接与自主服务提供中产生互动演变。无论是何种类型的社会组织，作为支撑"小政府、大社会"公共服务格局的重要力量，都需要对"行政依附"实现逐渐剥离，完成从中国传统"单位制"性质向"共同体"性质的转变。这一过程涉及社会组织关系和结构嵌入、社会组织本体发展、人才组织化生长的多重关系作用,社会组织由此分化出专业人才生长的差异性构型,继而影响专业人才社会化互动开发的进程。在现有政社关系调整下,社会组织成为"事业共同体"的转变未能充分到位。社会组织在关系嵌入和结构嵌入的摩擦中,人才"组织化"形塑受到关系和价值双重维度的影响,出现职业关系正在剥离组织关系、交易关系正在取代承诺关系、人才资本价值超出人事管理价值、人才职业成长价值不等同于组织事业价值的复杂图景。加之部分领导层及其成员的身份特征,使得组织关系网络、组织定位、组织结构共同决定的第三部门"事本主义"的宗旨使命不够明显。社会组织专业人才生长受其"组织化"程度的制约,人才的组织认同感缺失、情感承诺低、离职意愿强烈,队伍稳定性差,影响了公共服务提供质量,不利于激发社会组织活力,从而阻碍公共服务供给的市场化和社会化改革。

通过构建"关系—结构"理论分析主线,研究剖析了社会组织专业人才生长系统作用机制,并提出社会组织专业人才生长的差异性构型及演化特点。与以往理解不同的是,人才"组织化"是对社会组织专业人才社会化互动开发的一种思路选择。它是指在中国政府大力推动购买服务的新型政社关系中,社会组织由于具有中国传统准单位制特征,引发其作为公益组织的事业性质未能充分转变到位。专业人才"组织共同体"程度不足导致组织发展、事业拓展、职业成长三者产生分化。现实中表现为人才对社会组织的整体认同度不高、归属感不强、人才流失加快、社会组织吸纳人才的能力弱等生存困境,进而影响公共服务提供质量。想要激发社会组织活力,使之成为政府社会建设的有效合作对象,就应持续增强社会组织提供公共服务的能力和水平,大力推进专业人才组织化生长及培育的进程，推动政社关系在公共服务供给改革中不断发展转型，从而形成良好的社会治理创新局面。

五、研究方法

围绕社会组织专业人才生长机制的核心主题，探讨人才"组织化"生长过程的外显以及内隐含义，将社会组织专业人才置于社会具体情境中。探寻人才个体生长对内外部关系及其环境结构的态度、看法、感受，赋予人才"组织化"生长和发展的深层意义。因此，主要采用三种研究方法。

一是探索式的质性研究方法。由于社会组织专业人才生长问题研究主题相对较少，大量社会事实普遍指向人才缺乏、留职率低、流动性强、胜任力不足等问题，其背后有着中国社会组织建构性意义的普遍与特殊之处。当情境、组织与人才发生交互作用时，研究要尝试探索的问题是，社会组织作为第三部门，人与环境是否适配、人与组织是否兼容。该问题在目前理论研究中需要进一步明朗化。借由质性研究的探索性研究方法，将对社会事实背后的现象关系予以抽象性联结和清晰化概括。基于研究的目标和内容，政府记录、报告、会议摘要、管理方案、经验总结材料等信息资料起到了十分重要的作用。对实地收集的大量内部资料，按照制度、组织和个人的维度进行整理和归纳，以抽象概念化方式呈现并推动整体研究过程。经由公开渠道收集的政策文本、政策文件、规章制度、实践指南等制度性文件，成为比较类型研究抽取重要概念、理解和评估行动事实的重要依据。对社会组织专业人才内外部关系与结构的理解，是基于中央和地方政策网络演绎沟通的整体历程。经由手动整理的统计年鉴、统计公报等数据资料反映的变化规律，是总体资料评估与具体分析层次同步展开的过程。研究绘制的全国30个省份社会组织专业人才状况，是研究对象总体范围与相对规模、增长速度与分布水平、发展趋势与变化规律的直观描述。

二是深度访谈研究方法。深度访谈是应用于社会组织专业人才的"一对一"调查对象的访谈。创造一个不受干扰、能深入交流的环境，不局限于一般"再现"事实的访谈，而是深度描述被调查者所处的社会经济文化环境可能对其所采取的行动结果产生的链条作用机理。主要包括"是什么、为什么、该如何"。聚焦点在于借鉴前期文献资料和信息资料加工整理的研究逻辑，访谈资料是时间节点、动因和事件综合"汇流"而成的口述，是被访谈者与访谈者的对话，也是被访谈者现在较之过去的自我对话。通过转录的文本，这种观察描摹并不是简单的个人对某个现象的感悟，而是过去遭遇、经历在特定场景展开的探寻历程，对发生过的事实构建具有深层次的社会价值取向。将深度访谈的一手资料进行概念抽象，把不同事实归属到主题研究中进行比对参照，目的是提出并拓展现有理论框架的解释力。

三是统计分析检验方法。本研究对象是指在社会组织一定级别的岗位上工作，具有一定知识、经验和技能，能够获取相应报酬的专职人才，不含兼职人员、劳务派遣人员、返聘的离退休人员与志愿者。研究采用随机抽样方法来验证理论推演的研究假设。针对社会组织专业人才本研究的定义，主要是通过用样本指标推断总体指标进行预测。统计研究的内部效度是帮助研究获得清楚揭示解释变量之间的实际关系程度。研究的外部效度是调查发现正确推断研究情境之外情况的程度，用样本情况推知总体情况，发现总体规律性特征是必要的。研究采用区域抽样框，将北京市作为地理位置划分为不同区域，以小区域为抽样单位，出具覆盖调查本区域的社会组织人才代表名单。利用SPSS 21.0、AMOS等软件，进行描述性统计分析和多变量统计分析。通过图形、表格、概括性的样本数据检验其分布特征。共有543位人才代表参与了问卷调研，删除无效问卷后，最终获得441名社会组织专业人才样本，样本有效率为81.22%。经过对117份样本的问卷预调查，修正了相关条目，构建具有区分效果的李克特六点评价量表，实证检验社会组织专业人才生长机制的主效应以及中介和调节效应，从而促使理论预设得出更为深入而广泛的结论。

第二章

社会组织专业人才生长的制度环境

构建国家、社会与市场的三元治理框架，离不开国家与社会关系的再调整。合作治理的本质应是国家与社会的良性互动。中国政府购买服务被视为推进国家治理体系和治理能力现代化的一项重要制度安排。社会组织有效承接购买服务需求的重要条件是专业化。与企业和政府组织不同的是，社会组织吸纳专业人才不仅受社会力量发展不充分的影响，更受中央与地方治理制度环境变化的制约。

一、购买服务背景下社会组织的嵌入性

政府购买服务在全球范围内与民营化进程密切相关，受到市场改革逻辑与社会动员逻辑的双重支配。通常地，从发达国家政府购买服务的发展历程来看，市场化改革、国家福利体制重构与政府职能转变是政府购买服务在全球范围内兴起的重要原因。更多依靠市场化和社会力量，较少依赖政府提供的公共产品和公共服务，这种模式被视为广义的民营化。政府购买服务最为常见的方式是政府取消对传统无效率资源的投入使用，改变过去较多耗费国家资源的服务提供方式，适时利用服务提供方选择付费并引入竞争外包机制。政府购买

服务的兴起，市场化改革表现为合同外包、拨款、特许经营、凭单制等经济手段的运用；社会化改革意味着国家治理力量的多极动员，政府自身和公共领域中政府相对其他社会力量适当介入的问题。

西方国家政府购买服务是对福利政策的一种回应性调整，以公私合作伙伴关系为前提，选择相对独立的服务承接方。中国政府购买服务是以政府推动为先导，渐进式地开放治理空间并容纳社会力量进入。复杂的实践形式和多样的演化路径，共同决定了政府购买服务必然是集国家性治理主体重构、经济性市场作用与社会性体制转轨于一体，并在相当长时间内产生持续影响。事实上，政府购买服务不仅是以合同外包、委托经营或直接拨款等形式进行的公共服务供给改革，更是国家对社会力量参与治理的一种动员和调适。❶ 因此，理解中国情境的政府购买服务，本质上是理解国家与社会关系的走向。这种走向受到纷繁复杂的政府、社会组织、事业单位等社会力量互动的影响。中国与发达国家明显不同的是，以政府购买服务为契机的社会治理体系构建，使得项目制治理逻辑和社会力量主体在新旧交替的利益格局中衍生了一系列制度实践，加剧了国家与社会关系走向的复杂性。这种复杂性需要直面的深层次问题包括以下五个：

第一，政府向社会组织购买服务是简单延伸原有项目制治理还是国家与社会关系的再调整？

第二，社会组织承接政府购买服务是否引起国家与社会关系实质性变化？

第三，政府与社会组织的互动策略是否取决于双方资源的较量或者第三方结构环境压力的结果？

第四，社会组织深度介入治理的程度是否与其组织本身发展和

---

❶ 陈书洁，张汝立. 政府购买服务发展的障碍——一个嵌入视角的分析［J］. 北京师范大学学报（哲学社会科学版），2016（6）.

人才因素密切关联？

第五，社会组织专业人才生长是否受到组织内外部的共同作用？

对上述问题的考量，显然需要一些基本判断。本研究的主要观点有以下五种。第一，政府向社会组织购买服务理应是国家与社会关系再调整。第二，社会组织通过"嵌入"承接购买服务。这种嵌入有可能是国家嵌入社会，也有可能是社会嵌入国家，即反向嵌入性，[1]还有可能是分层嵌入。[2] 我们认为，随着国家与社会关系有张有弛，社会组织选择的是"适度嵌入"。它不同于过去单纯讨论权力、社会和管理因素，而与技术社会、组织多样和专业劳动分工存在必然联系。第三，转型社会力量特别是公益二类事业单位购买服务，由行政主管部门将财政拨款改为合同化管理，推进事业单位财政经费和人事体制改革，减少直接委托，变为竞争购买。从根本上加剧了政府、社会组织与事业单位横向关系的模糊性。第四，政府与社会组织的互动策略，取决于社会组织对服务提供格局的介入程度。付费机制、环境压力和制度安排的重要性已甚于社会组织地位问题。第五，社会组织合法合理的嵌入离不开自身成长，至少是比政府原来提供服务更为有效的一种力量，专业人才支撑与社会公益创新兼顾，才能使得社会组织的嵌入成为对现存制度环境的一种融入。

谈及嵌入问题，从经济社会学的"嵌入性"理论来看，波兰尼（Karl Polanyi）指出某些经济行为与模式的选择，往往是他们所赖以生存的那个社会的社会结构和社会生活方式所影响的后果。[3] 格兰诺

---

[1] 管兵. 竞争性与反向嵌入性——政府购买服务与社会组织发展 [J]. 公共管理学报, 2015 (3).

[2] 徐盈艳, 黎熙元. 浮动控制与分层嵌入——服务外包下的政社关系调整机制分析 [J]. 社会学研究, 2018 (2).

[3] 卡尔·波兰尼. 大转型：我们时代的政治与经济起源 [M]. 冯钢, 刘阳, 译. 杭州：浙江人民出版社, 2007: 48.

维特（Mark Granovetter）更强调社会网络视角下经济主体和经济行为融入不断发展的社会结构和关系模式之中，而这些社会结构和社会关系反过来作用于经济主体和经济行为。"嵌入性"是普遍存在的，区别仅仅是不同的社会体制下嵌入程度和方式的不同。❶ 于是，关系嵌入，结构嵌入与政治、文化和认知嵌入等被普遍关注。在这里，我们并不是要去探讨嵌入理论的发展脉络，而是通过引入该理论研究政府购买服务中社会组织是如何嵌入与被嵌入的。

"嵌入性"贯穿了政府购买服务的整个过程，带来了国家与社会关系的深刻变迁。这种发展变化的过程与以往传统的国家与社会关系所表述的意义不同。

第一，政府与社会各主体都已经嵌入在特定的经济社会结构中，只有通过互相调整、改变和适应来获得相对合法性。

第二，通过政府购买服务，社会组织与政府之间产生的互动嵌入使得政府开始摒弃"总体性社会"中"全能政府"的形象，考虑将社会组织接纳为推动国家与社会关系变化的重要力量，为重塑国家和社会的关系框架提供了可能。

第三，政府允许社会组织承接购买服务，其间形成了多种结构性关系。包括中央政府与地方政府、政府与社会组织、社会组织与社会组织等，进一步影响国家与社会关系的深入发展。

第四，政府作为主导方与社会组织交涉时，通常以嵌入作为主要手段，政府选择事权下放、政策扶持、管治微调等方式，将社会受支配地被动"嵌入"国家转为社会有意愿地主动"嵌入"国家。

进一步地，政府购买服务中社会组织嵌入是"适度嵌入"，往往根据与政府的互动关系、服务网络中社会力量抗衡、技能接受度和专

---

❶ 马克·格兰诺维特. 镶嵌：社会网与经济行动［M］. 罗家德，译. 北京：社会科学文献出版社，2007：29-31.

业化服务水平有着千丝万缕的联系，受到不同地域政府购买新制度与旧制度改革边界的制约。这是国家有意对社会组织吸纳，但可能对其发展重心表现出不同层次的侧重。社会组织会运用恰当的机制和策略来选择符合社会和国家偏好的发展路径，社会组织的运行逻辑受到政府调控与自主引导的综合影响。概括来看，这种"适度嵌入"关系变化有着不同的演化特征。

（一）政府主导的庇护关系

中国在很长的一段时间内，受传统计划经济体制的影响，公共服务提供的权力运行和组织模式完全依赖于政府和事业单位，具有行政垄断与服务垄断二合一的特征。随着市场经济的逐渐确立和成熟，公共服务供给市场化运作成为一种新动向。政府逐渐意识到对社会公共事务只承担"有限"的责任，应该把公共服务外包并由市场来主动选择服务供给方。虽然政府仍是公共服务的主要提供者，但它并不是直接生产者，政府的决策与执行得以分离，政府对社会的直接控制也相应转为间接引导。1995年政府购买服务发端后的4~5年时间里，这个时期的嵌入关系强调了社会力量作为公共服务提供的主体地位，社会组织发展的状况有了很大改观。政府改变了过去对所有社会组织都严防死守的"大一统"局面，加强了与某些社会组织的联系。而这类社会组织已经开始学会在政府的扶持下，重新探索功能定位，愿意承担政府赋予它们的部分公共服务责任。政府对这类承接购买服务的社会组织采取了典型的"庇护"态度。根本原因在于，早期政府对社会组织参与购买服务的稳定性要求远远大于效率性要求。社会组织提供的服务由政府指定授权，具有强烈的排斥性。政府主导的庇护关系形成了这类社会组织对政府的依附。但随着政府购买服务目标不断明确，以及越来越多社会组织参与意愿的高涨，政府从只限定某一熟悉的社会组织开始考虑如何挑选更好的合适者。这是因为政府对社会组织的主体庇护既不符合购买服务行为发展的规律，也会引起其他社会主体的强烈不满，又或者政府需要强有力的理由来解释为什么指定这个组织而不是其他组织。这在讲求利益再分配和公平价值回归的公共服务改革中显得不合时宜，所以这种庇护关系在短时期内就发生了形式上的改变。

（二）社会组织选择的代理关系

既然政府需要社会组织以体制外的身份来承接购买服务，自然就涉及一个重要问题——社会组织的合法性。自1998年政府对社会组织的双重管理体制格局形成之后，引起争论最多的是社会组织的生存困境。政府购买服务的实践此时仍停留在各地摸索阶段，政府推动购买服务似乎陷入了一种悖论：一方面，政府需要大量的社会组织参与进来以形成竞争购买；另一方面，如果按照现有的登记管理体制，社会中已经存在的、未经民政部门登记的大量社会组织都属于"非法"，它们不但不被承认，而且被定义为没有资格参与政府购买服务的社会组织。据不完全统计，这类社会组织的数量竟达到300万~800万个。2000年之后的8~10年，社会组织不得不选择与政府达成一种代理关系来维持组织的存续，目的是保证社会组织能够不被排斥并成功地嵌入现有体制。这种代理关系是典型的"双重代理"：一是政府通过从内部设立或者外部扶持少数社会组织，让其代替政府对其余社会组织履行管理和督促的职能，这类社会组织在政府购买服务中往往获得青睐。政府设定严格的购买资质标准，对进入程序进行干预设置，或者对社会组织承接服务立项审批存在倾向性偏好等，以合乎规则的方式让这些社会组织进入公共服务提供领域。二是社会组织的高层领导者由政府官员兼任的情况十分普遍，社会组织领导人的角色和身份通过法理权力在国家与社会之间自由转换,他们进入国家时可以获取政策与资源,回到社会时可以实现经济社会效益。以全国性社团为例,2009年参检的1722个社团中,共有727个社团存在由党政机关领导干部兼任负责人的现象,兼职人数多达4460人(次)。双重代理关系表明,政府与社会组织对双方的意图和行为理解和把握得越好,国家与社会关系的互相嵌入就越深。

(三) 契约规制的合作关系

2013年对于政府购买服务的发展而言是个极为重要的分水岭。政府购买服务被看作集转变政府职能、提升治理水平、改善公共服务供给于一身的复合体。政府购买服务此时强调的国家与社会"分开互动",与早期国家与社会"对立分化"的逻辑截然不同。"分开"并不是"对立","互动"也不是"分化"。国家与社会并不是要站在彼此的对立面,国家不能只依靠行政强制来支配社会,社会也不是只有曲意迎合国家才能被允许存续,而是国家与社会都拥有对基本公共事务相对平等处理的权利,需要找到一种治理中介就共同事项进行对话磋商。这就是政府购买服务为什么多数以"合同外包"形式出现的原因。合同的本质既有契约属性又有法律属性,从合同准备订立开始,双方合作过程由此展开,具体包括合同问题分析、要约意思表示、双方承诺行为、合同效力判定和合同授予或撤销等。国家和社会共同处于这种合作关系中,国家不得不考虑社会的需求以及可承受度,对公共服务供给的管理督促必须通过法定方式完成。社会要顾及国家所处的客观发展阶段和政策资源条件,与国家共话共商,势必要发掘除强制之外的另一种力量。2013年后国家和社会的发展动向反映了这一态势。《国务院办公厅关于政府向社会力量购买服务的指导意见》(国办发〔2013〕96号)中明确提出要引入竞争机制,从制度化层面将承接服务的主体由"社会组织"拓展到"社会力量",符合购买服务条件和资质的独立法人单位均可以纳入购买承接主体范畴,主要包括社会组织、事业单位和依法登记成立的企业机构。国家要求社会公共部门(可能是社会组织,也可能是转型的事业单位,还有可能是部分企业)共同参与政府购买。国家适度扩张了承接购买服务的主体,以此来应对中国目前的"弱社会"状态。此外,《慈善法》第八十七条详细规定:"各级人民政府及其有关部门可以依法通过购买服务等方式,支持符合条件的慈善组织向社会提供服务。"官办社会组织也真正大刀阔斧地开始了去行政化改革,虽然困难重重,但这种由契约规制带来的国家与社会的合作关系仍拭目以待。

二、社会组织专业人才发展水平评估

嵌入关系的引入,使得政府和地方组织等多方主体积极探索创新社会组织管理体制机制,不断提高社会组织专业服务水平,促进了社会组织的蓬勃发展。截至2018年年末,全国共有社会组织81.7万个,比上年增长7.3%;吸纳社会各类人员就业980.4万人,比上年增长13.4%。❶社会组织在劳动就业、公共服务、社会治理等方面起着越来越重要的作用。为了进一步了解全国社会组织和社会组织专业人才的发展状况和趋势,本研究搜集了全国30个省份(除港、澳、台和西藏外)2009—2017年近10年的数据,深入探讨社会组织在各省份的分布状况、增长趋势以及社会从业人员的发展变化、学历水平和社会组织人才的结构。既横向比较30个省份社会组织及社会组织

---

❶ 数据来源于《2018年社会服务发展统计公报》。

人才的均衡状况，又纵向分析各省份不同年份的变化。从多角度、多方面剖析社会组织及社会组织人才的发展变化趋势。

依据现实情况，本研究构建了社会组织专业人才发展水平的指标体系。表2-1中，既有总量指数、结构指数，又有质量指数。数据主要来源于2009—2017年《中国统计年鉴》《中国民政统计年鉴》以及各个省份的统计年鉴，其中，港、澳、台及西藏部分年份数据不全，因此不在研究范围内；黑龙江2011—2013年社会组织从业人员占第三产业就业人数比重数据缺失，考虑到不影响整体趋势，故用相邻年份的平均值替代；因2017年社会组织人才数据缺失，故分析社会组织人才时所用年份为2009—2016年。以下将从社会组织总量、人均拥有量、从业人员总量、学历水平和专业技术资格水平等方面对全国及各省份的情况进行详细分析。

表2-1 评估指标含义

指标	含义
社会组织数量（万个）	衡量社会组织的总量情况
社会组织年增长率（％）	衡量社会组织的发展趋势
万人社会组织数量（个/万人）	衡量人均社会组织的拥有状况
社会组织从业人员占城镇就业人数比重（％）	衡量社会组织从业人员在城镇就业人员中的占比情况
社会组织从业人员占第三产业就业人数比重（％）	衡量社会组织从业人员在第三产业就业人数中占比情况
每百万人口社会工作师（人/百万人）	衡量社会工作师的人均拥有状况
每百万人口助理社会工作师（人/百万人）	衡量助理社会工作师的人均拥有状况
社会工作师占社会组织人才总数比重（％）	衡量社会组织人才的结构状况
助理社会工作师占社会组织人才总数比重（％）	衡量社会组织人才的结构状况
大学本科及以上学历占社会组织从业人员比重（％）	衡量社会组织中人才的学历水平

（一）主体总量变化

2008年年末，全国共有社会组织41.4万个，比上年增长7.0%；这些社会组织业务范围涉及科技、教育、文化、卫生、劳动、民政、体育、环境保护、法律服务、社会中介服务、工伤服务、农村专业经济等社会生活各个领域。❶

2009—2017年，全国社会组织总量不断上升，年增长率在2014年达到了历史新高，2015年的增长率有所下滑，但仍是近10年来社会组织数量较多的一年，反映了我国的社会组织数量已经达到一定规模，开始进入质量提升和规范发展的时期。在2009—2017年主要年份中，全国30个省份的社会组织数量基本保持上升趋势，个别省份的年增长率为负，其中西部地区和中部地区的年平均增长率较高，东部地区中江苏省和广东省社会组织的年平均增长率较高，分别为12.18%和10.60%，如图2-1所示。

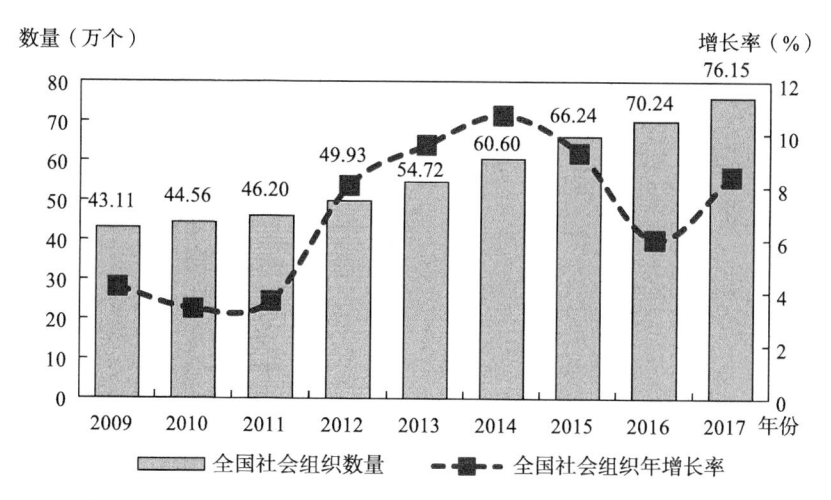

图2-1　2009—2017年主要年份全国及各省份社会组织年增长率

---

❶ 数据来源于《2018年社会服务发展统计公报》。

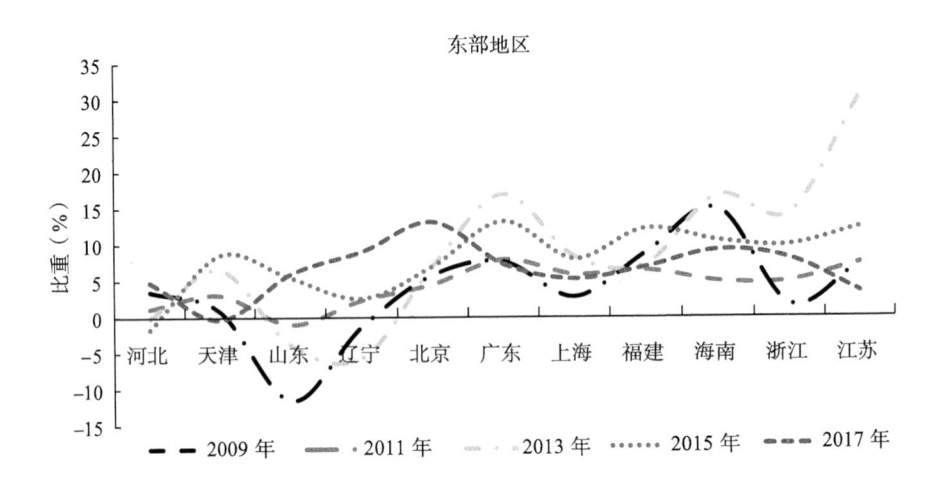

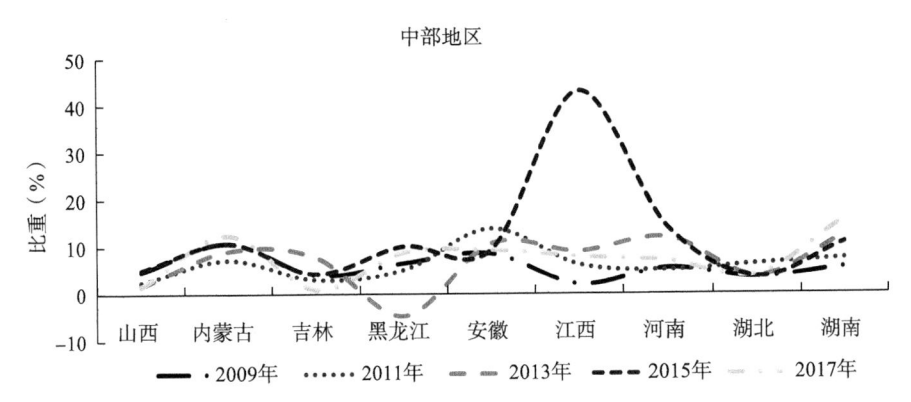

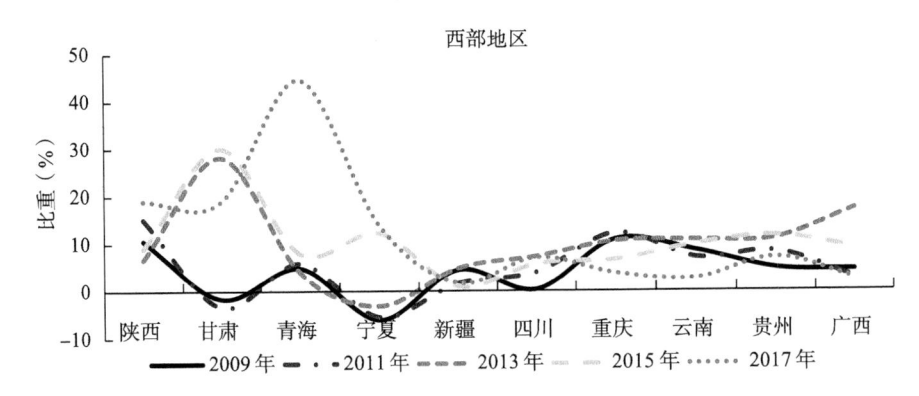

图 2-1 2009—2017 年主要年份全国及各省份社会组织年增长率（续）

(二) 人均拥有状况

因每个省份的人口规模和社会发展程度等情况不同，仅用各年份社会组织数量的绝对值不足以说明各省份社会组织的真实发展状况，万人社会组织数量是用各年份和各省份的社会组织数量除以年末常住人口，反映了社会组织的人均拥有状况，万人社会组织数量越多，社会组织的发展状况越好，该地区社会治理水平可能就越高。2009—2017年全国万人社会组织数量逐年升高，增长趋势同各年份社会组织绝对值增长率基本一致。从全国范围来讲，各省份的万人社会组织数量随着年份的增加数量逐渐上升；横向来看，中部地区的万人社会组织数量较少，并且各省份之间差异较小；西部地区内部差异较大，宁夏、青海和甘肃三个省份的万人社会组织数量较多，贵州的发展情况较不理想；人口集中的东部沿海地区，社会组织发展较蓬勃的省份有江苏、浙江、福建等，发展较为欠缺的省份为河北，内部整体差异较大，如图2-2所示。

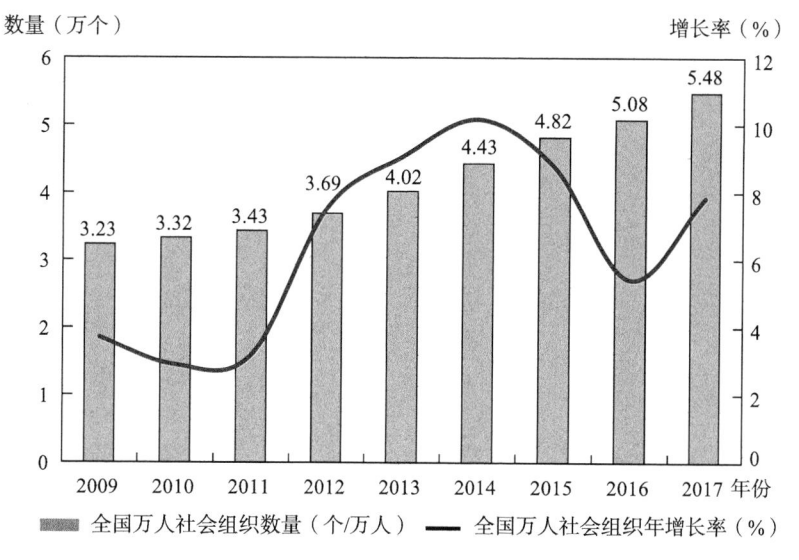

图2-2 2009—2017年主要年份全国及各省份万人社会组织数量

东部地区万人社会组织数量（个/万人）

省份	2009年	2011年	2013年	2015年	2017年
江苏	4.23	4.64	7.08	10.08	10.84
浙江	5.23	5.39	6.63	7.90	9.08
海南	2.86	3.66	4.89	5.88	7.42
福建	3.97	4.57	5.13	6.24	7.15
上海	4.29	4.42	4.81	5.53	6.17
广东	2.62	2.92	3.90	4.97	5.71
北京	3.69	3.76	4.05	4.48	5.60
辽宁	4.18	4.29	4.44	4.72	5.25
山东	4.27	4.00	4.41	4.87	5.18
天津	3.09	3.37	3.07	3.32	3.24
河北	2.14	2.19	2.25	2.60	2.92

中部地区万人社会组织数量（个/万人）

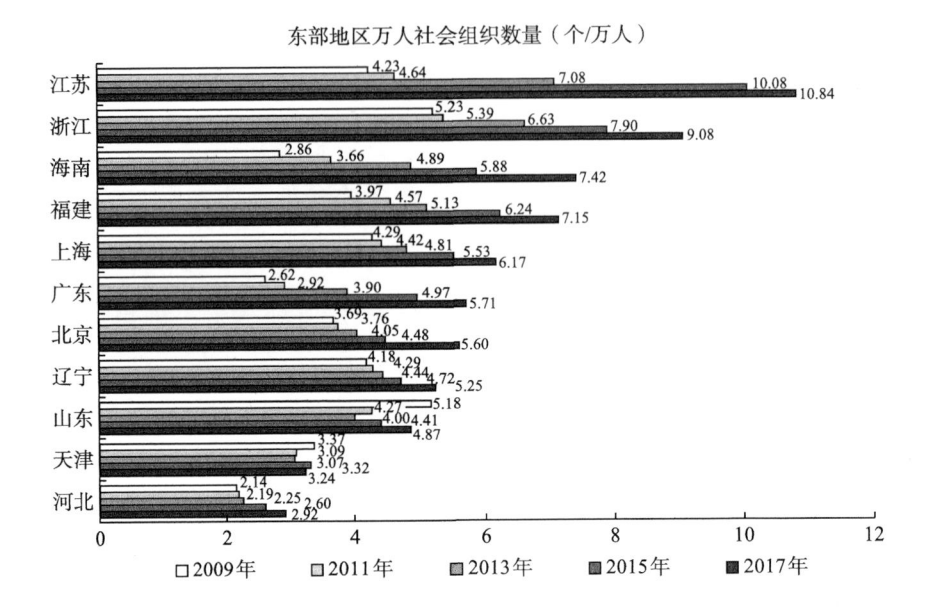

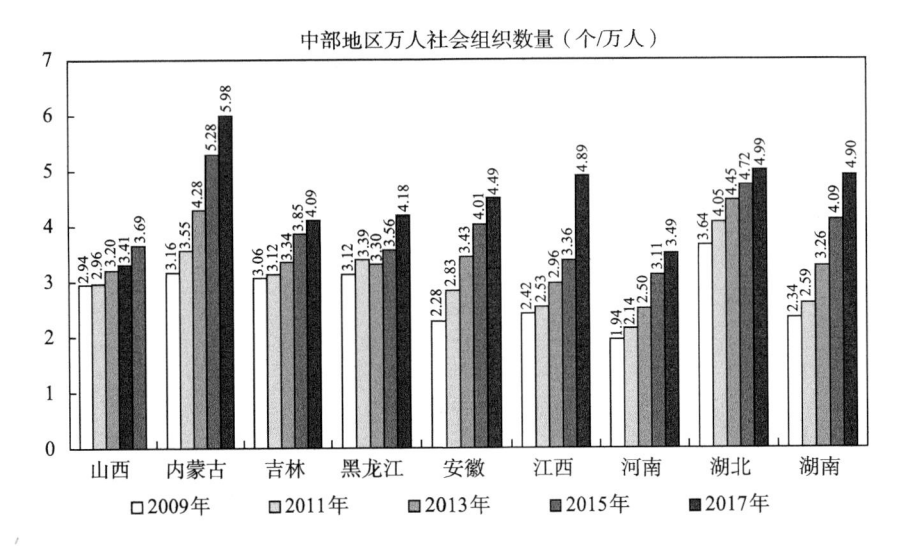

省份	2009年	2011年	2013年	2015年	2017年
山西	2.94	2.96	3.20	3.28	3.69
内蒙古	3.16	3.55	4.28	5.28	5.98
吉林	3.06	3.12	3.34	3.85	4.09
黑龙江	3.12	3.39	3.30	3.56	4.18
安徽	2.28	2.83	3.43	4.01	4.49
江西	2.42	2.53	2.96	3.36	4.89
河南	1.94	2.14	2.50	3.11	3.49
湖北	3.64	4.05	4.45	4.72	4.99
湖南	2.34	2.59	3.26	4.09	4.90

图 2-2　2009—2017 年主要年份全国及各省份万人社会组织数量（续）

西部地区万人社会组织数量（个/万人）

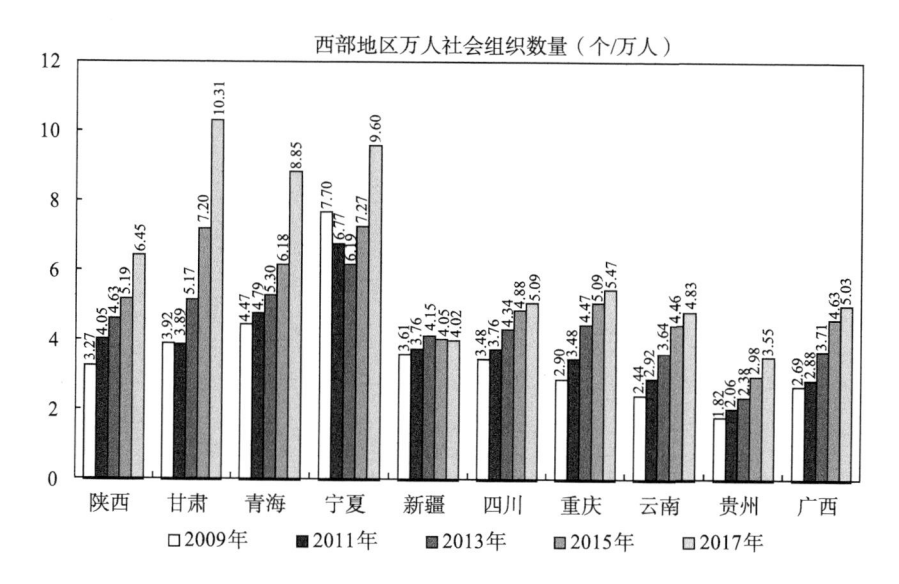

[柱状图：2009年、2011年、2013年、2015年、2017年各省数据]

陕西：3.27、4.05、4.63、5.19、6.45
甘肃：3.92、3.89、5.17、6.18、7.20（2017年）；另有10.31
青海：4.47、4.79、5.30、6.18、8.85
宁夏：7.70、6.77、6.19、7.27、9.60
新疆：3.61、3.76、4.15、4.05、4.02
四川：3.48、3.76、4.34、4.88、5.09
重庆：2.90、3.48、4.47、5.09、5.47
云南：2.44、2.92、3.64、4.46、4.83
贵州：1.82、2.06、2.38、2.98、3.55
广西：2.69、2.83、3.71、4.63、5.03

图 2-2　2009—2017 年主要年份全国及各省份万人社会组织数量（续）

（三）从业人员总量变化

社会组织的发展带来了大量就业岗位，使社会组织从业人数日益增加。国务院多次强调要充分发挥社会力量的作用。在经济结构调整优化的背景下，社会组织成为吸纳就业的新领地。全国社会组织从业人员数量自 2012 年后逐年递增，年增长率呈现出先升后降再上升的趋势，2017 年社会组织从业人员的年增长率创近 10 年来历史新高，反映了社会组织发展的旺盛态势，能够吸纳越来越多的就业人员，见表 2-2。各个省份的社会组织从业人数随着年份的增加，基本都呈上升趋势，但是各省份之间差异较大，其中广东省、江苏省、四川省、山东省和浙江省为社会组织从业人员大省，新疆等地社会组织从业人员较少，分布较不均衡，如图 2-3 所示。

表 2-2　2009—2017 年社会组织从业人员和年增长率

年份	社会组织从业人员（万人）	年增长率（%）
2009	544.67	14.47

续表

年份	社会组织从业人员（万人）	年增长率（%）
2010	618.19	13.50
2011	599.28	-3.06
2012	613.28	2.34
2013	636.58	3.80
2014	682.26	7.18
2015	734.79	7.70
2016	763.66	3.93
2017	864.70	13.23

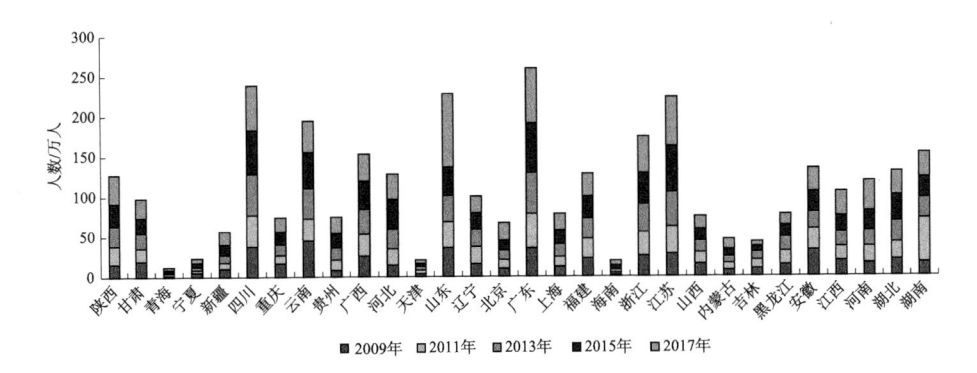

图 2-3　2009—2017 年主要年份各省份社会组织从业人员数量

随着我国城镇化进程的推进，社会组织通过整合、协调不同群体之间的利益关系，能够有效反映不同群体的合理诉求、弥补政府和市场失灵、化解社会矛盾与冲突，所以社会组织在公共服务多元治理推进过程中扮演着重要的角色。同时，社会组织已经成为一个日益强大的公共部门，它所提供的社会最终产品的价值已经构成了社会总产品价值的一部分，主要集中在第三产业。因此，社会组织从业人员占城镇就业人数比重反映了社会组织的发展与城镇化进程之间的协调关系，而社会组织人员占第三产业就业人数比重指标反映了社会组织在第三产业中的就业吸纳能力。

2009—2017 年全国社会组织从业人员占城镇就业人数比重呈现出先降后升的趋势，浮动区间为 3.5%~5.0%，近些年来呈现出逐年上升的趋势，证明社会组织的就业吸纳能力逐年增强。从全国范围来看，东部地区各省份基本呈现出逐年上升的趋势，2017年山东省的社会组织从业人员占城镇就业人数的比重最高，而天津最低；就中部地区而言，各个省份在不同的年份之间并没有出现明显的变化规律，2017年江西的社会组织人员占城镇就业人数比重最高，吉林的社会组织从业人员占城镇就业人数比重最低，表明社会组织的发展情况较差，就业吸纳能力较弱；对于西部地区来讲，各省份社会组织从业人员占城镇就业人数比重的结构相对稳定，大部分省份的社会组织从业人员占城镇就业人数比重有所加大，如图2-4所示。

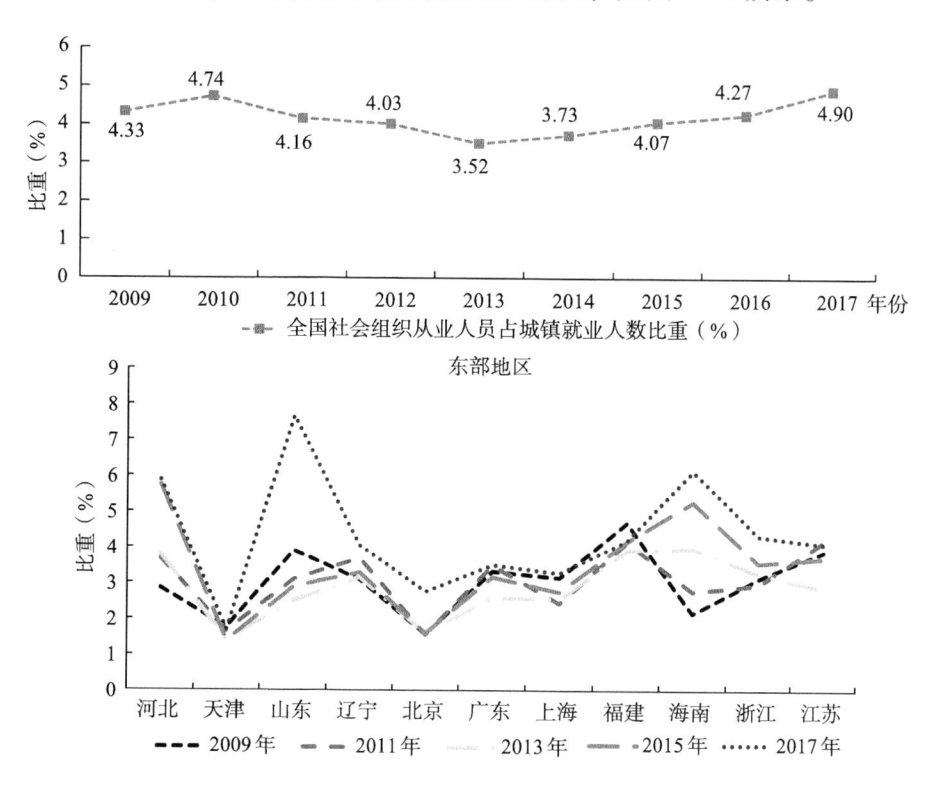

图2-4　2009—2017年主要年份全国及各省份社会组织从业人员占城镇就业人数比重

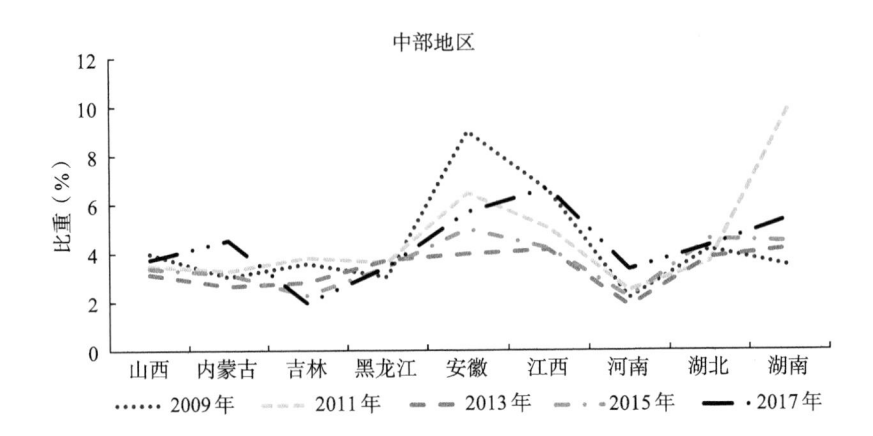

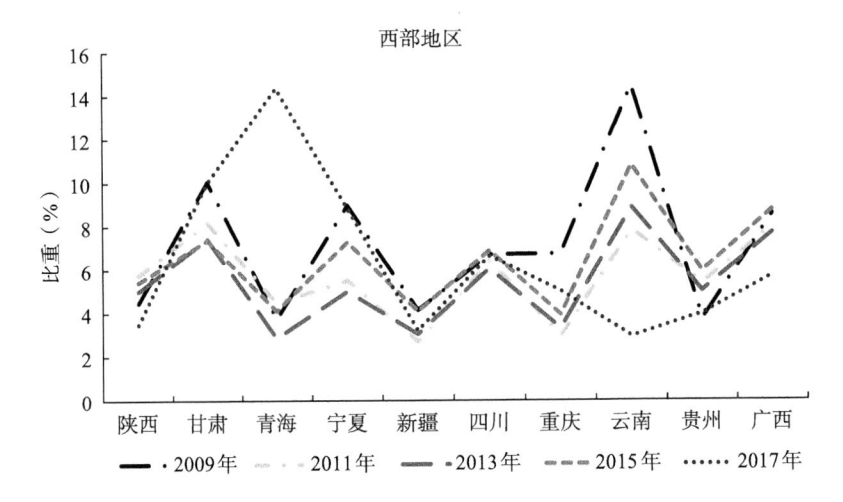

图 2-4　2009—2017 年主要年份全国及各省份社会组织从业人员占
城镇就业人数比重（续）

2009—2017 年全国社会组织从业人员占第三产业人数比重升中有降，基本稳定在 2%。近些年来，社会组织占第三产业比重呈上升趋势，反映了社会组织在第三产业的发展中就业吸纳能力越来越强，发挥着越来越重要的作用。就东部地区来说，部分省份随着年份的增加呈现出上升的趋势，例如江苏省、浙江省、广东省、河北省，横向来看，天津市的社会组织从业人员占第三产业比重较小，社会组织的发展成熟度不够；中部地区各省份在不同年份之间的变化规律不够明显，社会组织整体发展后劲不足，吉林省甚至在2013年之后呈现出逐年下降的趋势；西部地区各省份虽然没有在不同年份之间表现出显著的趋势，但地区内部结构相对稳定，甘肃省的社会组织从业人员占第三产业就业人数的比重较大，相对而言，青海、重庆的社会组织从业人员占第三产业就业人数的比重较低，如图2-5所示。

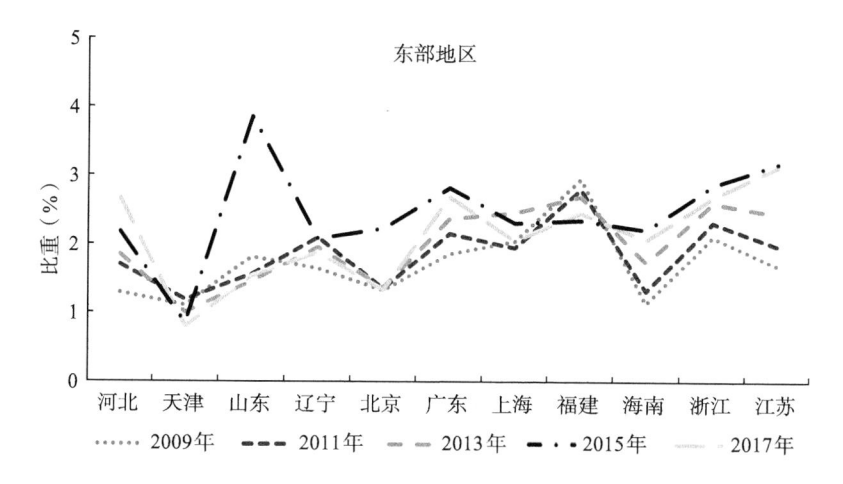

图2-5 2009—2017年主要年份全国及各省份社会组织从业人员占第三产业就业人数比重

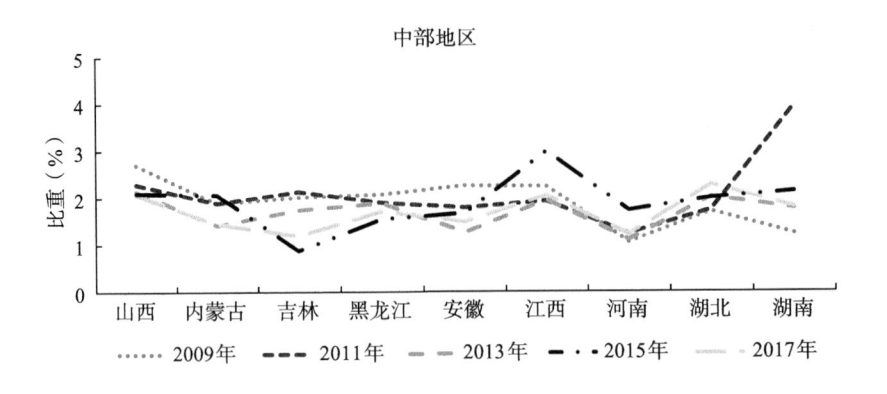

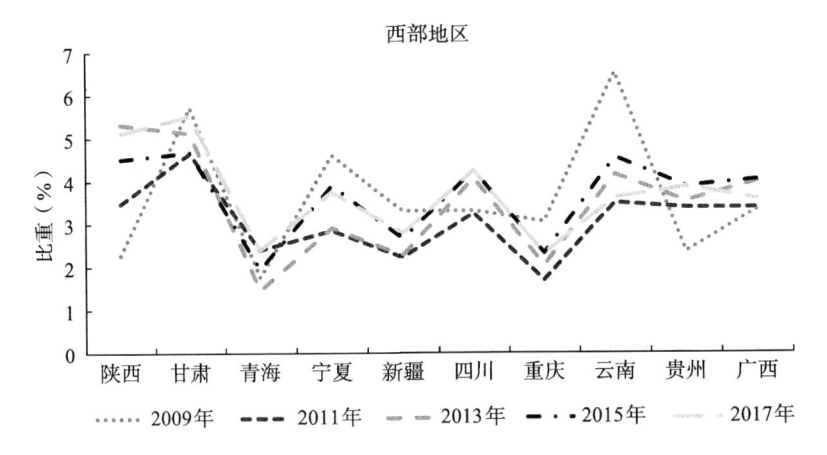

图 2-5 2009—2017 年主要年份全国及各省份社会组织
从业人员占第三产业就业人数比重（续）

（四）从业人员学历水平

随着政府对教育的大力投入，国民素质得到大幅提高，整个社会组织就业人员的学历层次不断上升，加快了社会组织的成长和发展。2017 年，社会组织中拥有大学本科及以上学历的人数达到了 135.3 万人，占整个社会组织从业人员的 15.65%。全国社会组织中拥有大学本科及以上学历占整个从业人员的比重总体呈上升趋势，稳中有降，反映了社会组织从业人员的素质不断提高，知识性不断增强。从全国范围的情况来看，东、中、西部地区的各个省份社会组织中大学本科及以上学历占社会组织从业人数的比重基本上随着年份增加。横向来看，东、中、西部地区的地区差异较大，教育程度分布不均衡。其中，东部地区的社会组织学历层次较高，尤其是北京、天津，大学本科及以上学历占社会组织从业人员的比重在2017年达到了45%左右；中部地区和西部地区的各省份之间差异较大，重庆等地的大学本科及以上学历占社会组织从业人员的比重较高，具有高学历的社会组织从业人员较多，如图2-6所示。

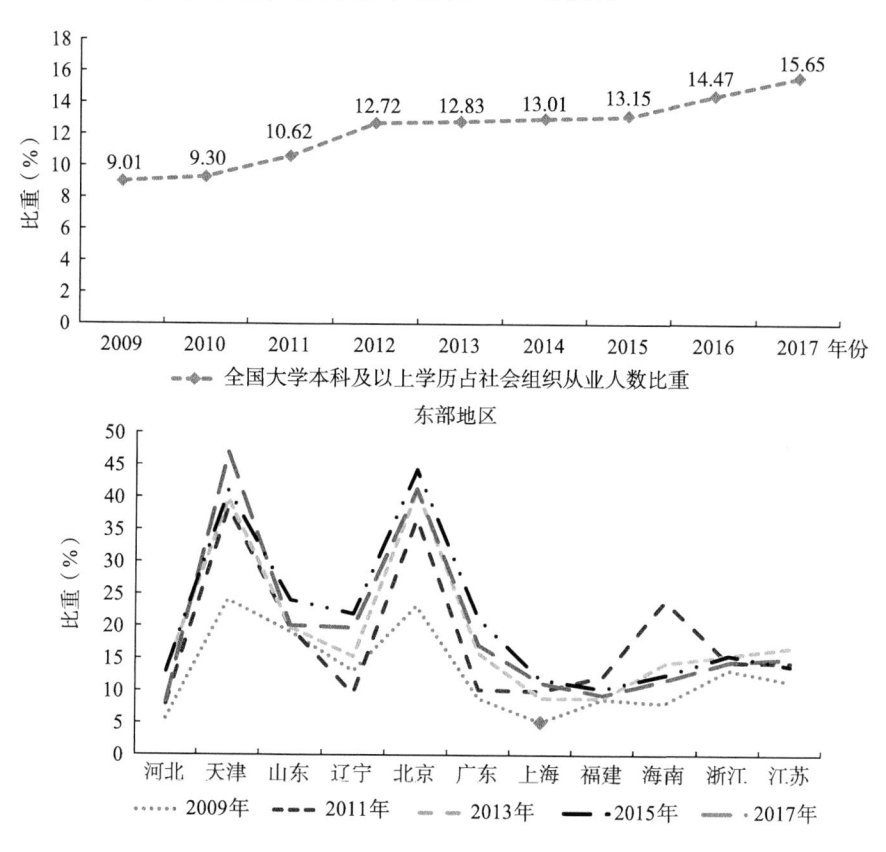

图2-6　2009—2017年主要年份全国及各省份大学本科及以上学历占社会组织从业人数比重

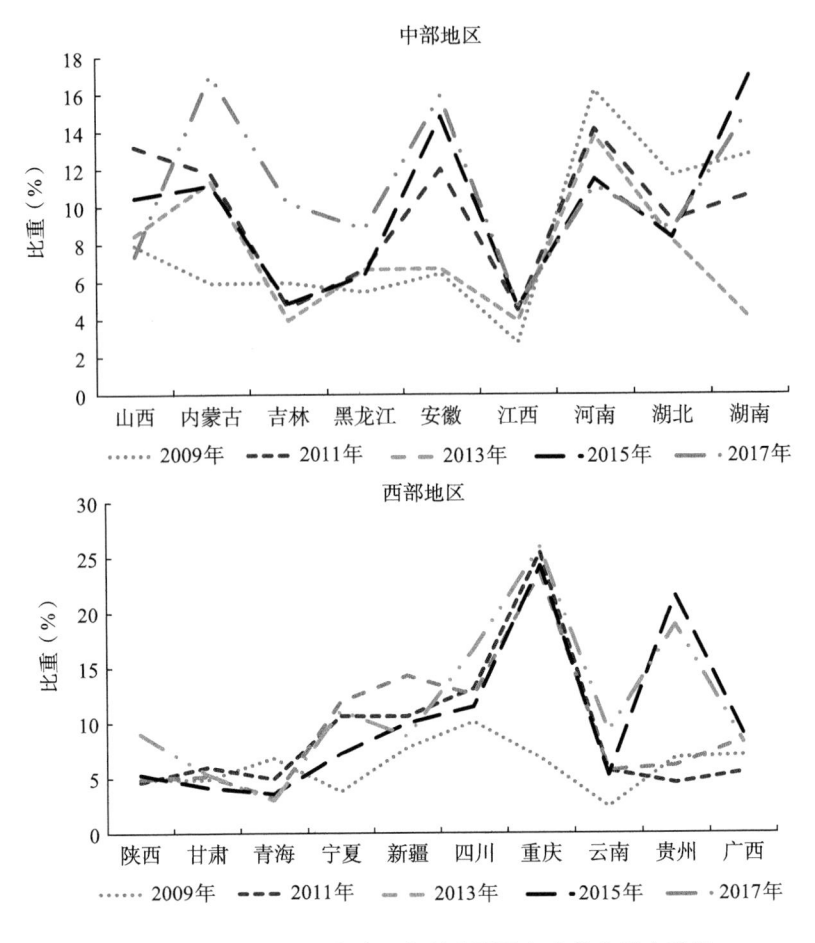

图 2-6 2009—2017 年主要年份全国及各省份大学本科及以上学历占社会组织从业人数比重（续）

（五）专业人才技术资格水平

社会组织人才是社会组织的支撑力量，也是推动社会发展的重要动力，关系到社会治理的质量和水平。因为社会组织的涵盖面比较广，我国目前还没有形成明确的职业分类体系，因此我们从狭义上理解社会组织人才包括获得助理社会工作师、社会工作师、高级社会工作师职业资格证的人员，他们代表着有一定职业技能的社会组织从业人员，在技能水平上比一般的社会组织从业人员要高。

2008年社会工作者职业水平考试在全国范围内铺开，助理社会工作师职业水平证书取得人数多于社会工作师职业水平证书取得人数，标志着我国内地首批国家认证的社会工作者诞生，❶ 截至2018年，全国持证社工达到44.05万人。由于全国首次高级社会工作师职业资格考试于2019年11月16日举办，高级社会工作师的数据欠缺，因此，研究以助理社会工作师和社会工作师为主要研究对象，分析全国及各省份2009—2016年社会组织人才的变化情况。

2009—2016年主要年份的社会组织人才占社会从业人员的比重逐年加大，反映了社会组织人才数量的增加，社会组织从业人员的结构得到不断的优化。如图2-7所示，从全国各个省份来看，基本都呈现出随着年份的增加，社会组织人才占社会从业人员比重不断增长的趋势，社会组织人才的增多更好地促进了社会组织的发展。从横向来看，北京、吉林两地的社会组织人才最为集中，其次是广东、上海、重庆等地，宁夏、海南等多个地区的社会组织人才占社会组织从业人员比重较低，还需进一步加大社会组织人才培育力度。

社会组织人才在狭义范围中包括社会工作师和助理社会工作师，其中社会工作师又称为中级社会工作师，这两者代表着不同技能级别的社会组织人才。社会工作师以及助理社会工作师的数量在逐年上升，其中社会工作师占社会组织人才的比重随着年份的增加越来越大，助理社会工作师占社会组织人才的比重越来越小，说明社会组织人才的技能水平越来越高，整个社会组织人才的结构在不断优化，见表2-3。

---

❶ 数据来源于《2008年社会服务发展统计公报》。

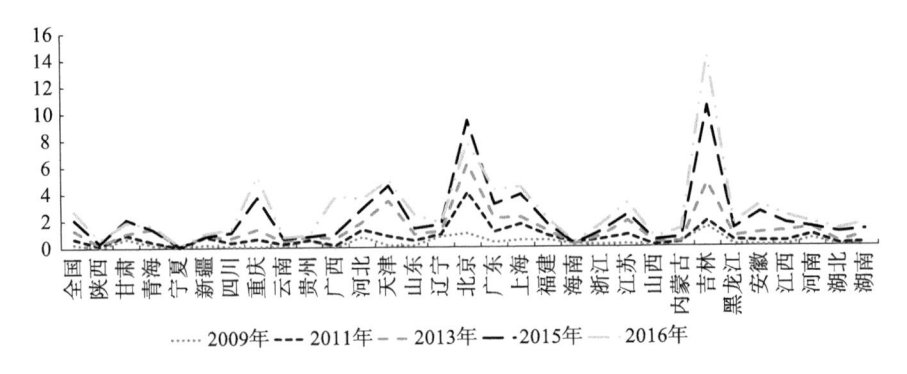

图 2-7 2009—2016年主要年份全国及各省份社会组织人才占社会从业人员的比重（%）

表 2-3 2009—2016年全国社会工作师和助理社会工作师数量及占社会组织人才比重

年份	社会工作师数量（人）	社会工作师占社会组织人才比重（%）	助理社会工作师数量（人）	助理社会工作师占社会组织人才比重（%）
2009	1438	9.32	13997	90.68
2010	3495	13.29	22811	86.71
2011	6743	16.76	33500	83.24
2012	13531	22.54	46500	77.46
2013	22092	26.94	59899	73.06
2014	31416	29.10	76550	70.90
2015	55622	36.51	96723	63.49
2016	82748	39.92	124547	60.08

在研究各个省份的社会组织人才结构时，我们采用每百万人社会工作师数量和每百万人助理社会工作师数量两个指标分别对东、中、西部三个地区进行分析。如图 2-8 所示，东部地区各省份的每百万人社会工作师数量和每百万人助理社会工作师数量随着年份呈现出上升的趋势。横向来看，区域内部人才分布不均衡，其中北京市的每百万人社会工作师数量和每百万人助理社会工作师数量最多，

紧随其后的是上海这样的特大城市，反映了大城市更容易吸引社会组织人才的聚集；如图2-9所示，中部地区各省份的每百万人社会工作师数量和每百万人助理社会工作师数量也大致逐年增长，但不同省份之间差异相对较小，其中吉林省的社会组织人才最为聚集；如图2-10所示，西部地区各省份的每百万人社会工作师数量和每百万人助理社会工作师数量也基本逐年增长，但不同省份之间差异相对较大，社会组织人才分布不均衡，其中重庆的每百万人社会工作师数量和每百万人助理社会工作师数量最多，宁夏、陕西等地社会组织人才不足，需要进一步加强社会组织人才队伍建设。

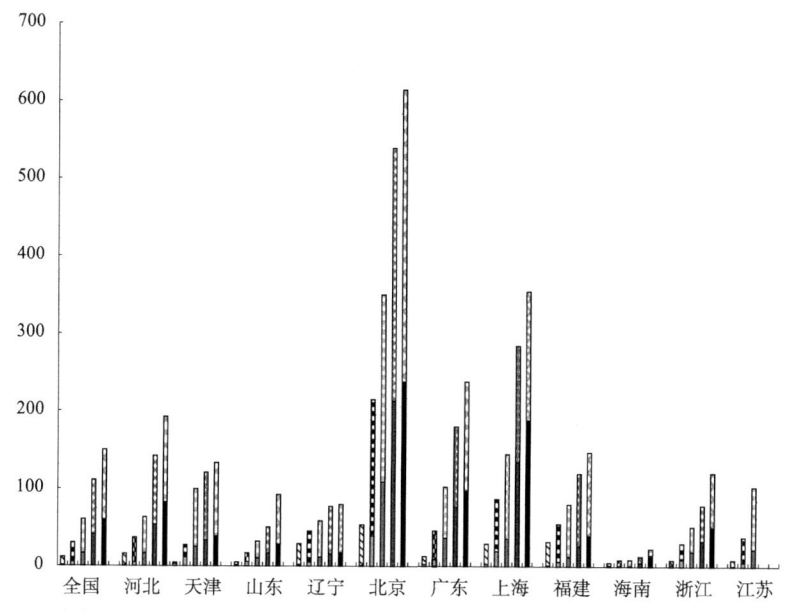

图2-8　2009—2016年主要年份东部地区各省份每百万人社会工作师及每百万人助理社会工作师数量

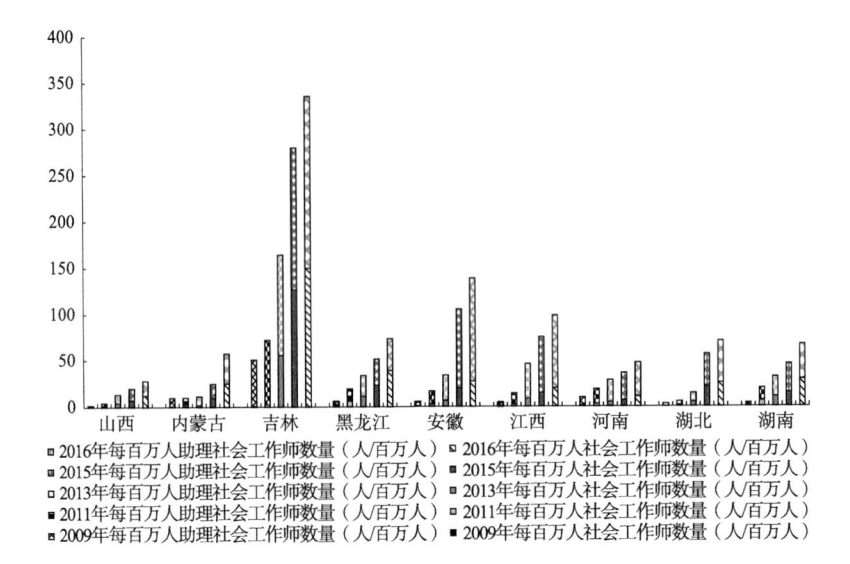

图 2-9　2009—2016 年主要年份中部地区各省份每百万人社会
工作师及每百万人助理社会工作师数量

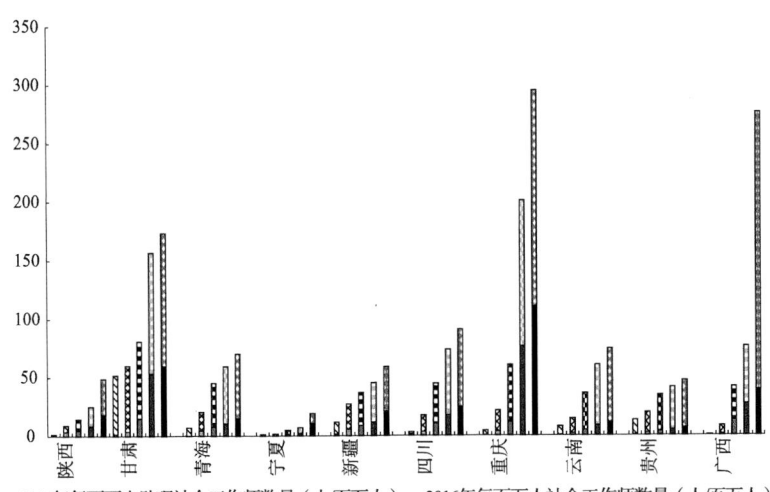

图 2-10　2009—2016 年主要年份西部地区各省份每百万人社会
工作师及每百万人助理社会工作师数量

三、社会组织专业人才生长的环境条件

合作治理的兴起使中国社会组织的发展迈入了新时期。这不仅表现在社会组织总量快速增长，介入社会需求的范围持续扩大，还表现为政府运用政策组合鼓励社会组织发展。然而，现有对社会组织的本体研究较少，西方合作治理的经验表明社会组织参与合作治理并不总是有效的，政府与社会组织并不总是优势互补，相反可能表现为一种合作冲突。❶ 如果社会组织发展壮大的最终目的是与政府达成有效合作治理，那么有效合作治理实现的前提就成为社会组织成长的重要动力。社会组织吸纳专业人才就被看作一种与政府建制相分离的组织建设行为。

（一）治理主体的社会条件

国家与社会由分离到渗透，存在着公共生活的共同建构。哈贝马斯认为，私人领域和公共权力领域通过"公共领域"相互作用，公共领域由非政府组织和非经济组织自愿组成。❷ 国家与社会建构空间的出现，使私人事务与公共事务产生了交集。结社组织的合法化来源于国家权力政治模式的允许，结社活动是为公共利益服务的。因此，社会组织不仅具有合法化还要有实质整合作用，这就涉及公共建构空间的边界。这种建构空间只有在国家和社会"良性互动"二元论，或国家、社会、市场"有效分工"的三元论中探讨，"全能国家"中的一元控制主义不存在边界问题。

---

❶ 张汝立，陈书洁. 西方发达国家政府购买社会公共服务的经验和教训 [J]. 中国行政管理，2010（11）.

❷ 哈贝马斯. 公共领域的结构转型 [M]. 曹卫东，等译. 上海：学林出版社，1999：32-35.

"二元论"强调国家与社会的互动交换，国家承认市民社会的独立性，国家只需要提供制度性的法律保障。❶❷ 同时，国家只是有限介入，提供制度、政策、网络化合作结构和嵌入式治理。❸ "三元论"强调国家、社会和市场的分工互补，公共部门的"功能短缺"和市场部门的"效率短缺"使社会组织复兴，❹ 社会组织因获取合法性、促进平等协商和构建公平竞争条件而存在。❺ 无论何种理论视角，当前国家已在减少直接控制干预，取而代之的是结构性资本，如法律规范、意识、网络形态和规则治理。社会提供的是认知性资本，如共享价值、社会规范、互助文化和信任。市场发掘的是经济性资本，如竞争机会和优势资源。公共建构空间的边界取决于结构资本、认知资本和经济资本之间是此消彼长还是共融共生。互不兼容或两两相抗会出现边界逾越和空间侵占，如果由国家和市场完全瓜分了这"中间地带"，那么社会组织就不存在进入治理空间的可能，更不具备治理主体发展的社会条件。

（二）治理功能的制度条件

政府为了实现跨界合作治理的目标，将公共服务的具体生产方转移到多元社会公共部门，努力构建"有限政府"和"服务型政府"。由于社会组织被认为是体制外灵活的、非营利性的组织，又可吸纳来自体制内的需要，往往成为政府重点考虑的合作对象，许多研

---

❶ 顾昕. 公民社会发展的法团主义之道：能促型国家与国家和社会的相互增权 [J]. 浙江学刊，2004（6）.
❷ 邓正来，景跃进. 建构中国的市民社会 [J]. 中国社会科学季刊，1992（11）.
❸ 汪锦军. 合作治理的构建：政府与社会良性互动的生成机制 [J]. 政治学研究，2015（4）.
❹ 葛道顺. 中国社会组织发展：从社会主体到国家意识——公民社会组织发展及其对意识形态构建的影响 [J]. 江苏社会科学，2011（3）.
❺ 王名. 走向公民社会——我国社会组织发展的历史及其趋势 [J]. 北京青年工作研究，2009（12）.

究也相应以此为理论原点来分析社会组织发展,但忽略了社会组织发挥治理功能需要的制度条件。这些重要条件包括:第一,社会组织对政社合作关系保持稳定的制度预期。社会组织自主服务能力和专业服务水平正不断提高,根据萨拉蒙等人对 39 个国家非政府组织的比较研究表明,社会组织接受来自政府部门的资助,并不必然会导致其独立性受损。[1] 相反,合作精神和政府购买服务增强了社会组织的决策和执行能力,更激发了社会组织在合作治理领域的专业化发展。单纯依靠早期"结社主义"的志愿公益精神,已无法满足现实社会对治理精细化的要求。因此,社会组织以专业化姿态来承接治理任务就显得尤为重要。政社合作关系一旦出现随意性和反复性,势必会挫伤社会组织在特定治理领域做出贡献的决心,组织规划、能力建设和人才资源培养均会遭受连带影响。只有社会组织对政社合作关系保持稳定预期,才能考虑更长远的公益事业发展方向,并建立起与之相匹配的激励结构。第二,所有社会组织转为公益事业型需要持续的制度保障。随着各种社会力量的兴起,中国部分官办社会组织仍是"准单位制",去行政化改革不仅是要革除官僚主义的弊端,更是为了应对资源依赖和权力分散。有效的合作治理是基于共识产生的多主体平等互动,政府不是唯一的治理主体,社会组织不能因为与政府"熟悉"而产生治理垄断。无论是何种类型的社会组织,只有通过统一持续的制度保障,才能完成从传统向现代性的转换,这也是社会组织发展前景较好的国家共有的制度经验。

(三) 治理绩效的能力条件

从社会组织成立目的、参与的经济社会生产服务领域与利益倡

---

[1] Leon E Irish, Lester M Salamon, Karla W Simon. Outsourcing Social Service to CSOs: Lessons from Abroad [M]. Washington: The World Bank, 2009.

导功能等，可推测社会治理活动的总体目标，这些目标都要通过社会组织发展完备的治理能力去实现。组织的规模是社会组织能力实现的首要基础。组织规模越大，产生的社会影响力就可能越大，越容易吸收社会资源进行社会动员，确保社会部门的活跃程度和治理效率。组织规模大小取决于单位或个人会员数量、全职工作人员数量，以及兼职或志愿者全时工作当量。研究显示，中国社会组织中小规模团体较多，原因在于组织内部全职工作人员数量处于国际水平中位值以下。本研究利用统计年鉴数据，在更大范围上进行了整体测算，国内社会组织吸纳就业人数占非农就业人口的1.74%，以上数据与国际社会组织全职工作人员数量和结构相比，具有相当大的差距。其余研究明确指出，社会组织专业人才资源极度匮乏。国内GDP经济增长与社会组织能力发展之间的相关性非常高。经济发展、区域产业结构调整、国民生活水平提高，极大地促进了社会组织规模的极速扩张。结合政府政策倡导实施公共服务的需要，中国社会组织能力是建立在关注组织中心度基础上的，特别体现在社会团体这一社会组织类型、社会团体与企业会员团体、社会团体与社会团体之间的关系决定了社会组织治理能力的强弱。这与部分发达国家实际情况不同的是，国外社会团体发挥治理成效重视组织建设与专业工作者、个人会员之间的关系。

不同社会组织类型发挥能力大小与党和政府的管理策略有着深刻联系。虽然从2008年开始国家撤销双重管理体制，但是政府与社会组织之间的管理依赖惯性仍然存在。已经成立时间较久的社会组织，在人事方面接受原有业务主管部门推荐或指定人选的比例并不低。对于新成立的社会组织，加强与曾经的业务主管部门的交流是不可回避地了解政府政策动向的重要环节。只要接受政府的人事编制管理，社会组织能力发挥与其分布层级和活动领域就都要受到组织利益诉求与政府合作渠道的双重调节。

四、社会组织专业化发展的政策体系

(一) 意向性与实质性：政府与社会组织的合作关系

理解社会组织吸纳专业人才的触发条件，可以辨识社会组织是否有资格进入有效合作治理格局。只有理解共治逻辑下的制度环境特征，才能深层次把握社会组织专业化发展进程。社会组织专业人才吸纳的本质是为了增强治理能力，与其专业化有着密切联系，但现实情况远比理性预设要复杂得多。比如社会管理成本、"模糊发包"的政策执行模式、制度生产风险都影响了社会组织的具体实践。[1] 实质上，社会组织吸纳专业人才不仅关乎效率，还是经济社会功能、合法性与技术性等一系列要素的组合。

政社合作关系的具体形态在不同时期各有特点，大致经历了"意向性合作"与"实质性合作"两个阶段。在合作关系建立之前，政府与社会组织是"相对分离"的。从改革开放至1988年的分散管理时期，由于缺乏成文的法律法规和统一的管理体制，社会组织的运作各行其道，[2] 政府与社会组织之间不存在合作关系。政府与社会组织合作关系的第一阶段大体从1989年至2001年，国家颁布了《民办非企业单位登记管理暂行条例》《社会团体登记管理条例》，并设立"民间组织管理局"，以"双重管理"为核心的社会组织管理体制完全确立。顺应"服务型政府"的要求，政府与社会组织之间呈现"国家主义"监管色彩的"意向性合作"，以社会稳定为大前提，再

---

[1] 黄晓春. 当代中国社会组织的制度环境与发展 [J]. 中国社会科学, 2015 (9).
[2] 王名, 孙伟林. 社会组织管理体制：内在逻辑与发展趋势 [J]. 中国行政管理, 2011 (7).

契合经济体制改革和社会基本活动需求。不难发现,这一时期与市场经济紧密联系的行业协会数量快速增长,特别是经过1993年和1998年两次行政机构改革,从政府部门转型产生了近4万家行业协会。❶ 第二阶段是自2002年党的十六大以来的全面发展时期,2006年党的十六届六中全会首次明确了政府和社会组织的合作关系,《中共中央关于构建社会主义和谐社会若干重大问题的决定》提出"健全和规范社会组织,支持社会组织参与社会管理和公共服务"。2012年以后,在"社会建设"的总体思路中有两个政策拐点:一是党的十八大报告提出的"加快形成政社分开、权责明确、依法自治的现代社会组织体制",政府与社会组织合作关系的核心是"社会组织发展主动权";二是2013年9月发布的《国务院办公厅关于政府向社会力量购买服务的指导意见》(国办发〔2013〕96号)认为"政府购买服务"是公共服务创新提供方式,其中特别提到,政府将依据社会力量的"服务数量和质量"向其支付费用。党的十八届三中全会通过的《中共中央关于全面深化改革若干重大问题的决定》要求"激发社会组织活力",2016年通过的《慈善法》规定:"支持符合条件的慈善组织向社会提供服务。"因此,政府是"有重点""有条件"地选择社会组织,主要考虑社会组织是否具备相应资格与服务水平。政策信号同时表明,实质性合作关系从强调"社会组织发展主动权"向强调"社会组织专业优势"转变。

(二)主体导向与功能导向:专业化发展的政策体系

政府与社会组织的合作关系确立以后,萨拉蒙认为,只有在"合作伙伴"模式而非"政府卖家"模式下,社会组织才有决策自主

---

❶ 谢菊,马庆钰. 中国社会组织发展历程回顾[J]. 云南行政学院学报,2015(1).

权从而发展专业化。与国外公益志愿结社路径不同，中国社会组织专业化发展势必经历曲折的过程，首先谈及的是社会组织独立性问题，而独立性发展是孕育在中国服务型政府体制构建和民主化改革进程中的，宏观政策体系的着力点不同。

一是深化改革政府向社会组织购买公共服务。中国政府购买服务是借鉴了西方国家民营化改革后发展而来的，大量研究从不同理论视角考察了政府购买服务的动因、购买服务的方式、购买服务的机制等问题，这在政府购买服务兴起的早期显得十分必要。但近20年来的不断摸索，中国政府购买服务出现了完全不同于西方国家购买服务的变迁，那就是政府购买服务作为一种新生事物承载的多重使命，使得它深深植根于中国经济社会转型期的国家与社会关系之中，是一种"嵌入"状态。中国政府购买服务发展的最终目标，就是政府部门、社会组织、社会公众乃至营利机构等参与者，通过制度化渠道来协调治理资源和共享治理成果，多元主体就公共事务达成合作治理。由此，政府购买服务对加强和创新社会治理具有实质的建构性意义。然而，目前的政府购买服务嵌入了国家与社会的整体框架，改变着国家与社会关系的走向，持续影响着社会组织能否专业化发展。政府购买行为目前仍主要适用《中华人民共和国政府采购法》（以下简称《政府采购法》），《政府采购法》自1996年试点以来，不断扩大采购范围，规范采购程序，提高采购实效，基本实现了有法可依。但是，该法把"服务"宽泛地定义为"除货物和工程以外的其他政府采购对象"，这在一定程度上影响了政府购买服务的贯彻执行。

经过多方努力探索，2014年财政部、民政部发布了《关于支持和规范社会组织承接政府购买服务的通知》（财综〔2014〕87号），同年财政部、民政部、工商总局发布《政府购买服务管理办法（暂行)》(财综〔2014〕96号)。2015年3月,《中华人民共和国政府采购法实施条例》(国务院令第658号)正式颁布实施,其中第一章第二条提出:"政府采购法第二条所称服务,包括政府自身需要的服务和政府向社会公众提供的公共服务。"中共中央、国务院印发的《法治政府建设实施纲要(2015—2020年)》从"建立健全政府购买服务制度""公开购买服务目录"与"加强服务质量监管"三个方面提出了依法全面履行政府职能的任务。财政部办公厅《关于印发2016年政府采购工作要点的通知》(财办库〔2016〕29号)规定"以政府购买服务为重点,继续推进服务项目采购扩面增量工作"。这些中央法规政策体系已经初步构建了政府购买服务制度的基本框架。

相应地,各地方政府专门出台了购买服务推进的办法细则。例如,《山东省政府采购管理办法》中提出采用"最低评标价法或综合评分法"的购买方法,明确了追加合同标的服务采购金额的比例上限与预算调整规定。《安徽省政府采购监督管理办法》要求政府向社会公众提供的公共服务项目验收需要服务对象参与并出具意见。《浙江省政府购买服务采购管理暂行办法》细化了采购方式变更审批程序,并规定了政府购买服务单一来源采购方式适用的具体情形。《云南省县级以上政府向社会组织购买服务暂行办法》列出了政府购买服务适宜由社会组织承担的5类社会公共服务与管理事项和2类政府履行职责所需的有关服务事项。《上海市政府购买服务管理办法》中特别提出,到2020年上海要形成与新发展战略地位相匹配的公共服务资源配置和供给体系,推进政府购买服务与行政体制改革、事业单位改革和社会组织改革相结合。

从已经出台的政府购买服务的法律法规来看,中央层面侧重对购买主体和承接主体的范围、购买内容的确定范围、购买机制的运行以及资金管理等问题展开总体部署,而基层对购买服务的关键问题则进行了突破性探索,表现在:首先,在构建法律法规体系的完备性方面,基本确定政府购买服务的不同类别并调整财政预算,制定了服务质量评估参与细则,甚至依法推动社会主体行政化脱钩改革等。其次,从治理机制和手段方面强化了"硬法"与"软法"的结合,加强了软法的柔性治理,根据各地区不同的实际发展条件,采用公开招标、邀约竞标、竞争性谈判或者单一采购来源等多种购买机制,将政府购买服务与政府行政改革、公共服务供给改革以及基层治理创新密切结合。但是,由于各地方开展政府购买服务的项目不一、资金不定、发展进程各不相同,还需要进一步衔接配套相关的法规政策来整合中央与地方的制度实践,主要包括以下四个方面。第一,购买服务的界限范围要进一步依法确定。在已有的购买服务制度中,关于哪些服务需要政府向外部主体购买的规定错综复杂,甚至有一些原本就应该由政府机构直接从事的管理服务工作反而变成了购买的内容,购买的标的发生了变化,混淆了行政与事业、公共服务购买与事业单位职责之间的界限。第二,推进法治保障招投标事项程序。由于法治保障条件欠缺或者技术水平有限,各地普遍缺少政府购买服务招投标实施细则,招投标各方的监督职责,公开招标、邀约招标、单一采购的区分性规定,招标代理的法定原则,投标方资质核准与发生重大变化的告知义务等内容。第三,明晰购买定价机制。公共服务大多是一些"软服务",而且外部性大,计算其经济成本和综合效益极为困难。从成本来看,主要是社会组织从业者的时间精力投入,从服务效果来看,体现在受益群体精神、生活、身体方面的改善。相对实物的损耗来讲,直接计算这些"软服务"的成本和效果是很难的,只有通过横向比较的方式,才有可能确定一个相对合理的价格。第四,完善多元主体监督体系。对政府购买服务实行监督是一个两难的问题。监督过度,一方面会耗费政府大量的精力,另一方面会对社会主体的独立性产生损伤；监督不足，无法有效评价公共服务提供的质量和效果。政府购买服务严密的法治监督体系，应该是对多元主体协作治理的综合监督，目前的法规政策通常有对承接购买服务的社会组织的监督，但较少涉及对行政机关、事业单位、群团组织作为购买主体的监督。契约购买的合同监督要求大而化之，缺少明确具体的规定，独立的第三方监督处于探索阶段。

与此同时，社会组织以专业姿态承接购买服务也同样遭遇一些制度性障碍。限制竞争原则对社会组织发展有制约，有相当数量的社会组织竞争性提供服务是政府购买服务有效推进的一个重要前提。现有法规明确规定，在同一行政区域内已有业务相同或相似的组织，没有必要再成立同样组织。这种规定使得某一区域内同类组织不能重复成立，容易造成单一机构垄断提供服务的局面。2016年新修订的《社会团体登记管理条例》（国务院令第250号）第十三条规定："在同一行政区域内已有业务范围相同或者相似的社会团体，没有必要成立的，登记管理机构不予登记。"《民办非企业登记管理暂行条例》（国务院令第251号）第十一条也做出了同样的规定。不但登记管理制度中做出了限制竞争的规定，而且在实际工作中，有的地方民政部门还主动将其认为业务上有重复或者没有必要存在的社团，予以撤销或者合并。这样的规定导致政府在选择购买服务承接方时，往往面临缺少承接方可选的困境。公开竞争是发挥政府购买服务优势的关键性原则，社会组织数量的不足或者仅仅一家独占，使得购买服务的竞争性无从谈起，竞争机制提高质量和降低成本的作用难以发挥。

从实际情况来看，能够专业承接服务的各类主体还不够成熟，尤其是作为最大主体的社会组织，覆盖面不够宽，地区发展不平衡。中国社会组织增长快，但总体数量仍旧偏少。事实上，无论是国内外的基金会等资助机构，还是地方政府，在基层寻找合作伙伴或者购买社会组织的服务时，面临最大的挑战的确是找不到足够数量的合适的社会组织。提供公共服务社会组织的数量受到限制，反过来限制了它们获得政府购买服务的机会。

财政税收制度对社会组织承接政府购买服务也存在一定的限制，政府购买服务的财政预算管理直接影响到购买服务工作的推进进度，最终影响承接服务类别、受益范围、服务质量。当前，政府购买社会组织服务项目的资金来源主要有三种：专项资金、预算外资金、预算内资金。从目前的实际情况看，专项资金、预算外资金使用比例相当高。既然提供公共服务是政府的基本职责，那么，购买服务的资金就应该整体纳入公共财政预算，这不仅有利于规范政府行为，而且为构建政府与社会组织的伙伴关系奠定了良好基础。当然，将政府购买服务资金整体纳入公共财政预算体制，不仅仅是资金供给渠道的变化，也意味着对政府购买服务的制度化应有更高的标准和要求，即政府购买社会组织服务时应该有整体规划和具体计划，且与年度预算时间及过程保持一致性。另外，社会组织承接购买服务仍难以享受税收减免优惠政策，《中华人民共和国企业所得税法》第二十六条第四项直接规定了非营利组织的免税，"符合条件的非营利组织的收入"为"免税收入"，这是目前在中国税法中对非营利组织减免税制度的正式提法，但是对于到底什么条件才能享受税收优惠则没有明确的规定和解释。《中华人民共和国企业所得税法实施条例》（国务院令第512号）第八十四条对该规定中的非营利组织做了进一步界定，明确要符合7个条件方可视为符合条件的非营利组织。财政部、国家税务总局《关于非营利组织免税资格认定管理有关问题的通知》（财税〔2014〕13号）对此做了更加详细的规定，要求非营利组织必须同时满足符合设立或登记手续、从事公益性或非营利性活动、财产及其孳息不用于分配等 9 个条件，方可视为符合条件的组织。上述条件是从非营利组织自身的性质等方面进行的界定，仅仅满足这些条件还是不够的，必须要保证收入是非营利活动取得的，营利性活动取得收入依然不能免税。根据《中华人民共和国企业所得税法》第八十五条的规定，即使非营利组织符合免税条件，也不一定其所有的收入都能够免税，"免税并不包括非营利组织从事的营利性活动取得的收入"。财政部、国家税务总局《关于非营利组织企业所得税免税收入问题的通知》（财税〔2009〕122 号）对此做了更加详细的规定，其中明确提出："符合条件的非营利组织下列收入为免税收入，除《中华人民共和国企业所得税法》第七条规定的财政拨款以外的其他政府补助收入，但不包括因政府购买服务取得的收入。"

从上述法律规定来看，相对政府的财政补助而言，通过购买来提供服务的方式反而被放在不免税的行列，影响政府和社会组织通过购买方式提供公共服务的积极性。❶

二是增强社会组织的主体独立性，根本上是为了适应加快政府职能转变的要求。特别是，中央多次清理整顿党政领导干部兼任社会组织领导的问题。重要政策包括：1994 年《国务院办公厅关于部门领导同志不兼任社会团体领导职务的通知》（国办发〔1994〕59 号），1998 年《中共中央办公厅 国务院办公厅关于党政机关领导干部不兼任社会团体领导职务的通知》（中办发〔1998〕17 号），2004 年《民政部关于现职国家工作人员不得兼任基金会负责人有关问题的通知》（民函〔2004〕270 号），2014 年《中共中央组织部关于规范退（离）休干部在社会团体兼职问题的通知》（中组发〔2014〕11 号）以及 2015 年《民政部关于印发〈全国性行业协会商会负责人任

---

❶ 陈书洁，张汝立. 政府购买服务发展的障碍——一个嵌入视角的分析［J］. 北京师范大学学报（哲学社会科学版），2016（6）.

职管理办法（试行）〉的通知》（民发〔2015〕166号）。这表明20年来，限制兼任的"领导干部"范畴，由原来的"党政机关领导干部"延伸至"退（离）休干部"，国家决意肃清长期以来政府对社会组织资源掌控的乱象，避免领导干部变相延长政治生涯，杜绝可能在现有体制外产生腐败寻租的行为，宏观政策体系对社会组织主体发展变革起着主导作用。

政府"淡出"对社会组织的行政管控，深化政府向社会组织购买服务，接下来社会组织要考虑从何种途径来激发自身活力。于是，组织能力建设被快速提上日程，这在客观上促进了社会组织吸纳专业人才。国家显然已经注意到了这一动向，对社会组织的专业化发展方向进行了总体部署。自2007年以来的主要政策思路如下。

第一，强化社会组织党建，引导社会组织主体发展并完善国家政权建设。2000年中共中央组织部印发的《关于加强社会团体党的建设工作的意见》（中组发〔2000〕10号）文件中仅规定了社会团体党组织的"隶属关系、工作职责、教育管理工作"等宽泛内容，2015年中共中央办公厅印发的《关于加强社会组织党的建设工作的意见（试行）》中要求"县级以上地方党委要依托党委组织部门和民政部门建立社会组织党建工作机构，已经建立非公有制企业党建工作机构的，可依托党委组织部门将其与社会组织党建工作机构整合为一个机构"。该意见不只针对"社会团体"，而是要求覆盖所有社会组织，"按单位、按行业和按区域"分类建立党组织。《中国共产党党组工作条例（试行）》对党组进行了定义，明确建立党组机构的范围，"全国性的重要文化组织、社会组织，经党的中央委员会批准，可以设立党组"。中共中央办公厅、国务院办公厅印发的《行业协会商会与行政机关脱钩总体方案》要求"加快形成政社分开、权责明确、依法自治的现代社会组织体制，厘清政府、市场、社会关系，积极稳妥推进行业协会商会与行政机关脱钩，厘清行政机关与行业协会商会的职能边界，加强综合监管和党建工作，促进行业协会商会成为依法设立、自主办会、服务为本、治理规范、行为自律的社会组织"。

第二，督促社会组织转型，推进社会组织能级发展的专业性和社会化。2007年《国务院办公厅关于推进行业协会商会改革和发展的若干意见》（国办发〔2007〕36号）中详细规定了鼓励"企业家"来担任会长（理事长），秘书长由"社会公开招聘"或"选举"产生。2009年《民政部关于促进民办社会工作服务机构发展的通知》（民发〔2009〕145号）第一次正式提出"社会民办机构是吸纳社会工作人才的重要载体"。其中第二条关于"进一步加强民办社工机构登记管理工作"中规定"凡申请登记的民办社工机构，应在章程中明确其社会工作服务宗旨、业务范围和服务方式，并保证发起人中至少有一人取得社会工作师职业水平证书或至少有两人取得助理社会工作师职业水平证书，专职工作人员中至少有三分之一以上通过全国社会工作者职业水平考试并在民政部门登记"。劳动和社会保障部、民政部《关于社会组织专职工作人员参加养老保险有关问题的通知》（劳社部发〔2008〕11号）规定："凡依法在各级民政部门登记的社会团体、基金会、民办非企业单位、境外非政府组织驻华代表机构及其签订聘用合同或劳动合同的专职工作人员，按属地管理原则，参加当地企业职工基本养老保险。鼓励有条件的社会组织按照有关规定为专职工作人员建立年金制度。"《民政部关于印发全国性公益类社团、联合类社团、职业类社团、学术类社团评估指标的通知》（民发〔2012〕192号）对各类社团评估设置了评估指标，包括"内部治理"一级指标下的"组织机构"中理事会、常务理事会换届和召开次数、民主决策、履行职责等，"人力资源"中工作人员数量、学历、职称和年龄结构等,"领导班子"中负责人考核情况、履职情况、影响力、党政领导干部兼职情况、秘书长产生方式、专兼职情况等。2013年民政部《关于开展行业协会行业自律与诚信创建活动的通知》(民函〔2013〕111号)第四条提出行业协会发展要有与其业务活动相适应的"专职工作人员"。

第三,强化社会组织专业服务水平与人才队伍建设相匹配。2014年财政部、民政部《关于支持和规范社会组织承接政府购买服务的通知》(财综〔2014〕87号)第三条规定,社会组织承接政府购买服务应当具备的条件是有必要的专职工作人员。2016年国家多部委联合印发《关于加强社会工作专业岗位开发与人才激励保障的意见》(民发〔2016〕186号)。坚持按需设岗、分类指导、有序推进、保障基层、稳定一线的原则,提出了一系列加强社会工作专业岗位开发和人才激励保障政策措施,明确"社会工作职业任务、社会工作专业人才配备要求、社会工作专业岗位聘用",对"薪酬待遇、表彰奖励、职业地位和成长发展"等方面进行了详细的政策规定。同年,财政部、民政部发布的《关于通过政府购买服务支持社会组织培育发展的指导意见》规定,新增购买服务30%以上由社会组织承接,专项推动社会组织能力建设并开展绩效评价。

与宏观政策体系构成的制度环境相比,部分地方更强调社会组织在合作治理中的功能导向。有研究认为,地方政府在风险规避的逻辑下,实际上早就采取了"变通"的方法让社会组织参与治理。这种观点有助于我们理解为什么政府购买服务,社会组织分类登记管理改革的探索都发端于地方政府。纵观各地的政策实践,存在这样的发展轨迹:只要社会组织的经济社会功能与地方政府的治理目标相关联,它就有可能与地方政府产生合作治理。相应地,地方政府通过创新治理手段帮助社会组织发挥好该功能,以实现共同的治理绩效。

比如，2013年3月十二届全国人大一次会议通过的《国务院机构改革和职能转变方案》规定"四类"社会组织依法直接登记，而北京于2011年已探索"四类"社会组织直接登记，深圳于2012年实行"八类"社会组织直接登记。2015年《行业协会商会与行政机关脱钩总体方案》出台，而上海在2002年就出台了《上海市促进行业协会发展规定》，深圳也于2004年启动了行业协会商会与行政机关脱钩改革。需要注意的是，这种地方政策实践导向，一方面可以使政府在短时间内完成治理目标，凸显地方治理绩效；另一方面社会组织发展不均衡问题并非得到根本性解决，长期具备治理优势的社会组织能快速发展专业化，专业化反过来又增强治理优势，而那些弱小的社会组织只可能在一种具有偏好的治理格局中逐渐被边缘化。

五、本章小结

合作治理以新的治理范式和治理形态正在深刻改变着国家与社会的关系走向，社会组织正呈现出前所未有的发展态势。然而，中国治理主体的复杂性及其多样化的发展路径，决定了合作治理的发展进程与西方国家有根本性区别。即使是西方发达国家，也需要依据大量的经验事实，仔细研究合作治理有效与无效的问题。有效合作治理的达成势必需要特定的前提条件，社会组织只有具备了这些条件，才有资格谈及专业化，以一种更强的社会性进入治理格局。事实上，国内许多不同类型的社会组织都面临专业人才缺失的困境。从社会组织本体及其专业化发展水平来看，不同的社会组织类型以及我国东、中、西部地区等都存在着相当大的差异。从整体性解释的角度看，现有制度环境是政府主导的治理目标并引导政社合作关系变革的一种方式，在多层结构的共同作用下，不同级别政府部门的政策安排和治理目标取向是不同的,这就决定了社会组织吸纳专业人才资源整体特征、动力发展和生长路径也会有所不同。如何对合作治理中社会组织专业人才生长变迁的路径进行细致描述,并对导致这种变迁的发生、转换、演变的内在机制进行解释,是亟待解决的问题。

第三章

社会组织专业人才生长机制的理论建构

从传统政府管控向现代社会治理迈进,社会组织专业人才的生成和存续无疑是一个重要问题。社会组织人才生长受宏观制度环境适度嵌入的影响,不仅面临传统组织对专业人才资源引、用、育、留的难题,更是在组织内外部的关系导向与专业化调整的结构导向中摸索前行。中国社会组织专业人才生长,其核心问题是讨论专业人才"组织化"形塑的动态过程。"关系—结构"的交叉博弈,使得中国社会组织专业人才生长机制面临一种组织化的复杂建构。由于中国经济水平和社会协同发展速度不一,社会组织人才生长的组织化进程呈现了多样化图景。本章基于北京、深圳、上海、重庆等地社会组织副理事长、秘书长、总干事、项目主管等带薪专业人才的深度访谈资料,提出社会组织专业人才"组织化"生长机制的理论预设。

一、专业人才生长动力因素

(一)合作治理的主体契机

从 20 世纪末开始,随着市场经济的高速发展,中国的经济社会形态发生了前所未有的改变。1998年,民政部和地方省级政府更名或设立"民间组织管理局"(现更名为"社会组织管理局"),从组织机构上保障并加强了社会组织与政府的联系,建立了双重管理体制的基本格局。随后,"服务型政府"概念的出现,重新调整了政府与市场、政府与社会之间的关系。政府职能转变、市场关系重构、社会力量发育都已成为应有之义。从2002年党的十六大报告到党的十八大、十八届三中、四中和五中全会,党委、政府与社会组织的关系,存在一种发展轨迹:首先,市场经济条件下政府职能的定位提高了社会组织的政治社会地位。部分地区则以行业协会、商会改革为突破口,革除了其与政府的隶属关系,确立了独立法人地位。其次,党委和政府认可社会组织在公共事务中发挥的重要作用。再次,社会组织体制被正式纳入社会体制改革的范畴,由此构建了"法律、职责、服务、监管"四位一体的发展思路。最后,将"社会管理"提法改为"社会治理",着力破除社会组织深层次发展的体制机制障碍。激发社会组织活力,使之成为与政府责任共担、成果共享的平等主体。党委、政府与社会组织的关系经历了从直接管理到合作伙伴的变化过程。

(二)购买服务的制度扩散

在推动社会组织自主独立的过程中,政府购买服务无疑是一项重要的制度安排。改变过去单纯依靠政府行政指令来指定提供公共服务的方式,通过引入竞争监管调控,为社会组织逐渐剥离行政化提供了发展机遇。2013年《国务院办公厅关于政府向社会力量购买服务的指导意见》发布,这一举措标志着自1995年发端的政府购买服务从一种地方实践的工具性政策转化为国家层面的正统性制度,为社会组织承接政府购买提供了稳定的制度支撑。购买服务在项目选择上已不再是想购买就购买、不想购买就放弃的间断状态,购买关系从"形式购买、实质依附"逐步向"公开、竞争、择优"的多元主义竞争转变，或者是为了解决某类问题而采取的类似法团主义的有限竞争转变。从实践来看，购买服务经历了"碎片化"到"整合化"的发展态势。

"整合制度化"的发展在更高层次上是源于社会整合的需要，是一种单向购买行为向多元主体参与治理的适应性转变。这包括：一是实现政府向社会转移或不应转移的事项界定、社会组织登记注册、资质核准、经费拨付、服务评估、综合监管等制度有效衔接，由"岗位购买""项目购买"向"服务购买"转变；二是结合现有制度规范，创新性地发展并壮大社会组织，把原有"政府培育"模式转变为"社会培育"模式。构建有多个资质相当的社会组织共同竞争公共服务提供的局面。需要注意的是，这种从分化到整合的过程，也是同步扩大专业人才供给与社会组织多元力量培育的过程。

（三）共同体的事本主义导向

随着社会组织独立参与公共事务的机会不断增多，国家、社会的二元体制在逐步瓦解。社会组织（政治性团体除外）在基于法治的多元共治体系中表现出了政府与社会共同推进治理的优越性。处于嵌入式融合进程中的社会组织，虽然保持与政府体制外的独立关系，但又因其具备条件和机遇可以吸纳来自体制内的公共需要，因而在地方治理体制创新中颇受青睐。这就意味着它们已经摆脱了过去单纯弥补"政府缺位"的形象，正在以主动积极的姿态慢慢渗透至社会公共服务的不同领域。这类社会组织是由有共同价值观、共同信仰和情感的专业人才组成的，是事业共同体和利益共同体的统一。社会组织从过去以身份为中心变成以做事为中心，"事本主义"的宗旨和使命不断得到强化。

从业的核心管理人才选择投身于某种道德、使命、信仰以及情感，再到摸索事业、专业与利益的结合，经历了一个缓慢蜕变的过程。价值传递已然是事业的根本基础，而"事本主义"引导的组织战略规划、职责任务、激励约束、绩效评估乃至公信力提升将成为共同体建设的发展方向，由事业达成的共同体认可上升到政府、社会的双重认可，同时也是获得经济社会资源和个人利益相结合的重要途径。

（四）民主型的领导成员条件

理事会领导成员的构成对社会组织治理结构有着深刻的影响。理事会领导成员一般来自提供关键资源的行动者：一类是业务主管单位委派的；另一类是组织自主选择的。有研究认为，英雄主义治理模式下的理事会沦落为"个人控制化"。还有研究认为，从资源依赖的角度，如果政府在社会组织生成路径或人事安排上的控制程度较高，则政府官员担任领导职务和秘书长的可能性就较高；如果社会组织依赖于会员单位，那么企业经营者担任领导职位则更为普遍。2014年《中共中央组织部关于规范退（离）休领导干部在社会团体兼职问题的通知》、2015年民政部《全国性行业协会商会负责人任职管理办法（试行）》等意见和办法出台后，严格规定在职公务员和退（离）休领导干部一般不得到社会团体任职或兼职，有特殊需要的必须按照干部管理权限审批。社会组织理事会领导成员及领导职务已进入去行政化、去兼职化的阶段。例如2019年，82.9%的深圳社会组织战略决策来自理事会或董事会，79.5%的社会组织管理层是通过民主选举方式产生的，仅有5.5%的社会组织管理人员是由主管部门派遣和任命的。❶进一步发现，部分社会组织已不再单纯从获得政府

---

❶ 葛洪，马宏，阮萌，罗思. 深圳民间组织报告［R］//中国民间组织报告（2009—2010）. 北京：社会科学文献出版社，2009：122.

资源方面来考虑领导层,而是基于事业与使命的角度,从成员多样性、筹资力、社会影响力和专业水平等方面推举领导层及其核心成员。共同选举或推荐的领导层在协商沟通的框架下,能够考虑大多数从业人才的诉求,在处理共同事务中采取建设性领导策略。

(五) 技术与组织的联合行动网络

2008年以后,因一些典型事件引发的公信力下降、信息不公开等问题,使得社会组织提供公共服务面临严峻考验,同时对社会组织的专业能力建设提出了挑战。现阶段的挑战主要来自社会组织对政府资源仍存在持续依赖,政府监管的强化和筹资渠道的收紧。政府让渡空间的改变和资源条件的制约,却恰好促进了来自不同地域、不同行业之间社会组织动员网络的发展。这种动员网络往往是由资历深、影响大或水平高的组织机构有意识地牵头,搭建起统一的行动平台,以多元互助的形式引导其他感兴趣或实力较弱的社会组织共同展开行动,由此增进各主体间的社会信任和合作分工。国外的经验表明,由多方参与形成的互助网络可以最大限度地实现利益整合。跨界治理的社会组织共同行动是为了"削减开支"、利用彼此的专业知识以增强影响力,信任和机会是两种不可或缺的要素。随着网络化治理资源配置的便捷,社会组织之间也越来越容易形成合作伙伴关系。这些跨组织、跨部门、跨区域的联合行动,使得社会组织在这场结构性治理变革进程中,积累了十分重要的网络社会动员与集体行动的经验,深入合作带来了协同治理技术的创新,这就给社会组织留下专业化成长培育的空间。[1]

---

[1] 陈书洁. 治理转型期社会组织专业人才生长机制研究——基于深圳的实践 [J]. 中国社会科学院研究生院学报, 2016 (5).

二、专业人才的组织化形塑

(一) 关系维度

社会组织专业人才由于受到上述生长动力因素的影响，人与组织之间的关系处于变化调整之中。社会组织与政府、机关和企事业单位不同，人才对组织内外部关系相当敏感。当社会组织参与治理的权力、条件和资源发生变化时，组织内人才资源的存续也不得不随之调整。政社关系的周期性调整使得人才组织化生长进程处于不同状态，本研究称之为"关系形塑"。

第一，从政府与社会组织"适度嵌入"的视角来看，出现了庇护关系、代理关系与合作关系等不同嵌入性表征。政社关系的阶段性波动使人才组织化进程出现不稳定现象。第二，从社会组织生存和发展来看，如果社会组织处于与外部主体关系良好、资源动员能力强、专业化程度高的时期，那么组织对人才吸纳作用增强，人才对组织发展的感知就相对稳定；反之，威胁增大，人才流出社会组织的可能性就会增大。社会组织生存发展的压力，受到政府与社会组织关系的影响。研究发现，许多社会组织不存在职业边界，与人才之间不是一种长期的雇佣关系，而是属于合同性质的短期交易。当社会组织象征性意义大于其专业化意义时，人才外流或者离职风险进一步上升。第三，从人才自身发挥作用来看，他们对工作任务的挑战性、职业发展期望都有一定程度的要求。人才不同于一般人的特别之处，正是他们具备较强的学习创新能力，对可迁移、可发展的技能和素质掌握程度高，因而成为事关社会组织发展的关键资源。社会组织专业人才穿梭在不同行业中，跨界活动使得他们自身的知识和经验仍在快速更新，人才个体流动偏好远远超过一般人。

人才组织化生长过程首先是一种"关系形塑"过程。这是组织与个体之间互动调适关系的过程。主要表现在：社会组织虽然大多数是非营利性组织，行业公益属性客观存在，但是对人才个体需求却是主观的。人才进入社会组织对价值性和公益性的平衡，有其独立的一套判断标准，他们进行职业选择时产生职业偏好，构成个人与组织的关系。每个进入社会组织的人才，职业关系建立在个人需求的基础上，经过具体任务形成对该职业的理性认知，最终通过经验判定职业发展的可能性。也就是说，人才会根据制度环境的内外部因素，结合自身情况进行反复考量，当人才的预期不能被现有组织所满足，而受到外界条件限制暂时还未存在新的职业偏好时，人才会选择降低期望预期，主动适应社会组织并保持现有从业状态。调研中发现，"关系形塑"过程表现在两个方面。

1. 职业关系正在剥离组织关系

社会组织作为自我发展的微观主体与社会环境变动之间存在互动，自我发展能力取决于社会关系内外部作用的结果。在社会经济体制改革初期，政府力量的推动是社会组织发展的必要条件。但随着公共服务的市场化和社会化改革，社会组织必须依靠专业化能力来获得核心竞争力并拓展生存空间。事实上，社会组织关系边界始终在"组织合法性"和"社会合理性"之间挣扎。政府对部分社会组织，特别是行业协会、商会强调对行业担负的职责，也就是具备"管理"权限。从企业、社会各界的联合行动来看，行业协会、商会定位于"服务"职能。职能交叉定位影响了行业协会、商会的自身发展。进一步地，政府对社会资源的宏观把控，具有资源调配权和社会影响力，但部分地方地府由于对市场运行情况不够清晰，缺乏全面完整的信息进行合理判断，因而难以保证资源配置的合理性；而行业协会、商会由于自身的公共性特征，能够迅速掌握社会主体的各种利益诉求。但由于受限于组织体系，如果缺乏政府部门支持，就会削弱解决问题的实际行动力。久而久之，这类社会组织对社会无法完成公共服务的使命，对外也无法代表企业或者行业处理利益诉求，对内服务性和对外话语权均会影响组织专业化能力建设。

许多社会组织认为，利用组织基础和信息平台，依据不同服务对象的情况，可以实现社会公众、企业和政府之间的共同利益。比如行业协会，能够挖掘出单个企业无法实现的资源平台和利益诉求。通过有针对性地开展协会活动、市场情况反馈、产业经济报告、前沿技术分享等，实现组织的"有所作为"。但是事实上，一旦会员企业个体利益与行业普遍利益不一致，或者这些利益诉求被外部主体认为是无意义的，行业协会掌握的市场行情被认为是有偏差的，那么社会组织的行动有效性将受到极大限制，造成社会组织在解决公共服务问题时"无能为力"的局面。

> "行业协会需要有固定的行业事务可以做，国家没有硬性要求企业怎么办，政府权力正在一步步下放，协会会费是主要收入，理事收会费，会员单位不收会费。协会反映企业会员单位的问题时需要与政府沟通，没有政府的支持，就算掌握会员要求、了解行业需求，也没有办法妥善解决……9位副会长都是企业家，平时非常忙，只有靠聘用有精力的、有名望的和有社会关系的人来做好与政府沟通和其他会员单位的事情，协会成立时间短，还好活动多，不然除了民政和行业主管部门，政府其他机构都不知道何时有了这个协会。"

但是，在政府与社会组织多元治理模式下，社会组织个人与组织关系产生了"双向选择"问题。一方面，社会组织总在淘汰低绩效和缺乏灵活适应能力的人员；另一方面，社会组织的人才也在寻找更能满足自身发展的部门和组织。

> "我们最初招聘专业人才时，主要以农学院、女院的学生为主，水平一般，最基本的表达、反应和逻辑能力都不够。社区服务又是新手，还不如年龄大点学历不高但工作经验丰富的老人，评价不好，资金支持越来越少，机构陷入恶性循环……社区组织办公地点主要在社区，没有绩效激励，后来来了'985大学'的毕业生，基础扎实，综合素质高，但是留不住，没两年就考到政府机构里去了……去年我们挖来S市社会组织之星，专业能力非常强，但是整个组织其余人员不能跟上他的节奏，不认可他，最后无法融入集体也走了。"

在对比择业的过程中，人与组织的职业关系边界更加模糊。然而，关系边界模糊的社会组织，处于组织变动发展的不稳定期。这些社会部门相比企业、政府而言，极力渴求的是复合型人才。这对人才的胜任能力和素质标准提出了更高的要求。人才技能专业化可迁移的能力范畴正在不断拓展，自身专业化程度却与个人学习能力密切相关，这就决定了专业人才与社会组织之间的职业关系要超出传统组织关系的范畴。

> "我们机构的人才需求是有工作经验，包括做公益的经验、公共关系经验、企业营销经验、筹款经验、法务经验和专业服务经验，其次是项目统筹能力，因为我们同时处理3~5个项目是常事，专业能力更新快，不过这个还算容易弥补和克服的。不容易的是，我们还需要专职人才对基金会活动区域和政府部门有所了解，对来自不同层面的志愿者也要了解。沟通能力、应变能力、风险化解能力、团队合作能力以及对自我的道德约束感等要强，强调主动开拓精神，在行业中需要更广泛地和民政、社保等

部门建立联系,不能只和服务对象打交道,而不善于和服务对象之外的人合作交流。这个活儿其实挺锻炼人的,不好干。人要真能锻炼出来了,在哪儿都待得挺好……"

"社会组织本身所需要的人才领导力和企业是完全不同的,这类人才流失大,社会整体并不缺具体会操作的人才,缺的是这种能用创新的方式解决大量社会问题的人才。"

"很多机构需要这样的人才,不是直接去提供服务,而是会分析社会问题、解决社会问题,有思考全局的能力。组织需要人才来反馈现在发现了一个什么社会问题。这个社会问题的根源是什么,怎么评估,解决到什么程度,能够通过什么路径解决,中间可能有什么变化……说白了,这是一种逻辑体系。"

2. 交易关系正在取代承诺关系

在科层体系严格的组织环境中,稳定的工作可以赢得人才对组织的承诺和忠诚,人才组织化就是自我认知的一体化。人们普遍认为,社会组织人才是以工作情感和志愿情怀为纽带,遵从社会情感召唤从事社会公益事业。他们接受工作安排调整,甚至是跟随领导者个人构建的以内部组织为依据的"高承诺式"雇佣关系。这种关系的核心是在长期固定化的工作中接受组织内部工作安排,以对组织的忠诚和工作的意愿换取组织对个人的职业保障。

"现在有许多民间智库,特别是一些全国性公募型基金会,政府高层支持,受国内外企业、机构、个人的捐赠和赞助,研究中国如何发展。它们组织架构健全,活动规格层次高。每次开会不是元首、政要,就是国外商会主席和世界银行、知名企业总裁等来参加会议,至少也是常任理事来参加。有专门的宣传、发展和支持部门,涉及人力、财务、公共关系、研究等,对有志于投身公益的人，这种组织的吸引力是毋庸置疑的，他们认为慈善这个事，第一领导好，第二有事干……"

"我们机构的理事长以前是做企业的，有上市公司，要求在我们这里工作的人才能将产品成功推介到市场。我们和高校合作开发产品，找到技术部门研发生产线，完成后50%的利润拿到我们机构来维持运营，20%的利润作为团队发展基金，还有20%的利润成为各部门能力培养基金，最后10%的利润是储备基金。如果哪个部门两年内没有完成指标，哪个部门就解散，如果别的部门要人，你可以去，不行就直接走人。所以每个人在这儿都拼命工作。"

现实中，上述提及"职业关系"与"组织关系"的剥离进程，使得社会组织提供的发展空间与个人职业预期有差距。如何实现社会组织对人才的吸纳，提升人才与组织的适配性，就是组织关心的重要问题。承诺关系的本质是人才通过对社会组织产生依赖与情感归属，对组织进行持续的时间、人力和经验的投入，遵循组织制度规范而不愿意随意变更职业化的发展。社会组织的志愿结社性质通常能够满足从业人才的社会情感需求，人才感受到来自组织的肯定、接纳并认可专业化的付出，那么就能通过更加努力的工作来获得组织相应的回报，组织的关心和重视使"承诺关系"中的人才持续生长，进而促使人才留任组织并贡献力量。在人才进入社会组织的初期，承诺关系确实发挥着一定的作用。

"有些社会组织比如某行业协会，其组织架构已经成形，领导选举、议事规则、权力边界、内部治理等，即使领导换届，按照这个组织架构继续进行也完全没问题。协会内部没有政府的人也没有业务主管单位的人，直接面向市场。协会较早成立了党支部，在行业发展和协会工作中发挥了突出作用。协会获'全国先进社会组织'称号,评为5A级社会组织。秘书处设立专职人才队伍,从企业、行业、产业和区域的角度整合多方资源,搭建20多个企业服务平台,不遗余力地发展壮大协会。"

进一步发现,部分社会组织"承诺关系"正被"交易关系"所取代。随着项目制治理的深入推进,政社关系因为项目周期而产生一定的波动,政府购买服务项目化使得社会组织公共服务供给受到财政资金、项目审批等因素的影响,人才组织化形塑的"承诺关系"开始转变为"交易关系"。这是一种基于组织和人才之间期限更短、交易性质更为突出的关系模式。由传统个体和组织之间的劳动契约、心理契约变为个人内在驱动的契约。个人在组织中的生长发育不再依赖组织发展和进步、岗位设计与晋升认可,而是取决于以个人意志为主的职业观,构建个体主导的职业生涯发展。"交易关系"强调目标效用激励,自我开发与学习创造相结合。这类关系在于人才具备较强的择业能力,不断拓展人际交往的边界,构建政社互动网络来发掘更多职业机会,以获取具有个人偏好的职业选择权。交易关系的对象不再局限于某个组织本身,也就是人才对组织的忠诚感并不是非常强烈,而是聚焦于职业成长的可能性和职业带来的成就感。交易关系反映的是人才组织化形塑受到项目治理复杂性、组织存续风险等外部因素的影响,实际上体现为人才对组织的合同报酬、福利待遇、能力奖励和绩效津贴等以交换为主的具有市场化交易性质的关系。

"行业没有把在这里工作当作职业来看待,对组织的感受就是,没有门槛,谁都可以来。岗位标准参照企业岗位标准设立,但是薪资水平不一样。公益组织行业专职人员的薪资普遍偏低,我们9个做专职工作的人才流失5个,受发起单位支持,管理费用是10%的限制,薪资水平还有不超过当地平均薪资多少倍的限制,自然提高不了。工作动力来自外部,看你能有多高的能力做成多少事,然后能获得多少绩效,我们这里消费水平高,还要考虑个人买房、生活问题。草根组织比我们更难……"

"就我所了解的事务所而言,现在70%的收入或者说运营费用来自政府购买服务的项目,自筹能力普遍还不够。市级社会建设有专用资金,项目周期大概1年。每年1月或2月进行新项目申请,等待项目批复,等到确切消息应该是5月前后。去年的项目不一定今年还有,都是靠事务所的人做需求调研,还要懂得项目研发,我们来项目再招人。但是每年5月还要对上一年的工作进行结项总结,新来的人最好也能参与上一个周期的项目申报。这样的人知道项目如何产生、问题如何解决,并且知道预算怎么执行、实际困难是什么。但是这种专业的高素质的人才留用少,因为没把握来年会怎么样,一般都是项目结束人也就离开了。"

(二)价值维度

中国社会组织改革轨迹表明,有三个转变十分明显:一是由业务主管部门管理组织变为职能管理;二是国家直接管控变为适度嵌入的间接治理;三是从微观组织管理变为宏观政策协调。社会发展的调整使得社会组织的生存发展空间得到极大拓展。正是在这种制度环境下,中国社会组织有其特殊的发展路径,人才"组织化"生长,既有来自政府原有部门的传统人事价值,又有来自市场化力量的资本价值。本研究称之为"价值形塑"。

1. 人才资本价值超出人事管理价值

人才组织化"价值形塑"遵循着传统人事管理价值,实施简单的招聘、选用,组织择人、为事配人,继而进行动态的人事调配与管理督导。这种管理价值构建以事为中心,有短期性、业务性的管理特征。对人才资源是以事为中心的开发过程,价值取向不是挑战和变革，而是例行和服从。社会组织人事管理者和被管理者之间身份界限明显，主要局限在繁杂的具体管理事务中，专职人才进入社会组织可以提供建议，只有少部分决策者能参与社会组织或部门发展。人事管理是从属于社会组织管理的一部分，管理手段主要是简单化、感性化的刚性管理，战术性的价值决定了人事管理只能在事务性支持上发挥作用。

事实上，社会组织人才并不适用于传统人事管理。关系嵌入性、组织灵活性和治理跨界性的因素，导致社会组织人才资本的"稀缺性""外部性"和"流动性"三种价值与日俱增。在所有组织类型中，社会组织对人才资本价值诉求已远超出传统人事管理价值范畴。社会组织人才价值的稀缺性表现得十分明显，主要有以下两个方面。

一是人才资本在形成过程中投入的资源是稀缺的，人才资本积累有一定的过程。首先是学校培养教育相关人才的数量和质量。部分社会组织已意识到，社会与高校合作建立非营利组织管理、慈善管理等专业培养实用人才，但是人才教育培养的渠道仍然屈指可数。再从医疗和保健的人才资本来看，包括从业人才的健康水平和劳动保健水平，社会组织从业人才是否享受和企业、政府部门同等保健医疗水平，这些关系着人才的资本价值。

"目前大概有300家基金会，本科学历以上的人数约70%，超过A股上市企业35%的本科学历以上人数，但是从缴纳五险一金的情况来看，签订聘用合同的大约占70%，五险缴纳率为60%左右，这种人才投入是非常不均衡的，如果没有基本的社会保障，谁愿意来呢？况且现在学历就本科来说已经不低了。"

"设置公益慈善类本科以上专业的高校目前很少。2012年北京师范大学珠海分校、基金会中心网等开始酝酿本科专业招生，南京工业大学浦江学院从2014年开始招收四年制本科生，北京师范大学珠海分校于 2015 年正式招收本科学生。其余高校包括清华大学、人民大学、中山大学等基本上是依托别的学科例如公共管理、MPA、社会学或者社会工作招收研究生方向，但是专业方向和独立学科专业还是不一样，学科专业应该是一个完整的课程体系，包括公益筹款、项目设计、非营利财务等，不仅有特色，而且社会组织抢着要学生，来了就能干活并且直接上手……"

进入社会组织工作之后，人才资本的积累首先受到培训学习再开发过程的影响。人才从学校进入组织岗位，获取身边人的重要工作经验及工作所需的技能也是人才资本积累的重要途径。中国目前真正懂得非营利组织运作并把握社会服务市场化和社会化规律的人才十分稀少，这导致人才资本价值具有稀缺性；另外，社会组织人才迁徙成本高，包括择业过程中产生的人事管理成本。由于人才在社会组织中从事的职业与其人才价值不匹配，产生人才在行业内或者行业间流动成本。事实上，当骨干人才离职后，社会组织很难在现有劳动力市场找到恰当的其他替代人才，供给少而需求多，那么组织为之支付的迁徙成本就会增加，合适的人才更难寻觅。

"因为社会工作是从西方传过来的，从理论到与实际接轨，再到应用于我们区的实际情况是两个阶段。我所的骨干需要很长时间去培养。加上我们人也不多，突发性的、临时性的工作大家不会分得那么清楚，一般这种人特别有凝聚力。但有一个比较尴尬的问题，就是人才使用的风险。我们培养了 2~3 年，他虽然可能也觉得这份工作有意义，很干净（本人比较爱用这个词），但是付出和回报并不成正比，就会走掉。想找补空的，又需要很长一段时间。"

二是人才资本价值是人才所独立具备的知识、技能、经验等生产能力，通过外部政府、高校、企业等主体的投资，产生人才资本收益递增的特性。目前我国对社会组织人才资本再投资的途径仍极其匮乏，人才价值的稀缺性更明显。

"社工机构的口碑靠有发展性的措施，包括个人和团队的发展。目前都被道德绑架，不能因为奉献爱心，忽视这个行业职业的存在。第一部门发展路径是非常明确的，第三部门有愿景，相对自由，但是后续想要从社会和市场来共同提供机会、提升自我是很难的。没有专业的发展空间，行业规范性不足，培训效果也不好说。只能靠大家各自的本事，是时候设立'职业公益人'了。现在只有企业CSR经理能见识多些，背靠大企业始终不太一样。"

社会组织人才资本价值的外部效应影响着社会治理。这指人才不仅可以给个人带来收益，关键是他所产生的影响力有助于整个行业乃至社会的长远发展。这就导致社会组织较高水平的人才资本外部性特征不同于企业或者政府，人才资本外部性的个体价值会对身边人产生明显有利的影响，该影响有时人才个体并不获利，而对全社会产生整体福利增进，这属于人才资本价值的溢出效应。

"T先生是律师出身，创办了好几个社会组织，有法律援助、青少年未成年人保护、农民工法律援助等。因为他懂法律，作为公益律师，其创办的青少年法律援助与研究中心，已经大概有10000名律师参与且创建了遍布全国的未成年人保护志愿律师协作网络，这些知名律师提供免费的法律帮助，对未成年人保护提供公益支持。T先生做过国务院妇女儿童工作委员会、民政部、教育部等政府部门的委托课题，参与起草了《中华人民共和国未成年人保护法》《北京市未成年人保护条例》等修订草案，极大地推动了中国儿童保护立法政策的修改和完善，也是联合国儿童保护领域知名的专家。"

从社会组织发展运作过程来看，社会组织人才资本的流动价值要高于一般组织。人才通过治理决策增加自身资本，以适应职业需求以及外部环境的变化，主动创造新机会并争取从中获益。在社会组织参与治理的活动中，人才自发地匹配其他管理要素，不断学习积累形成新的技能并加以运用，提高整体组织的治理绩效。从资源配置上看，人才资本的能动性不仅体现在知识经验的提升，还要通过与政府沟通以求获得更多的政策支持，与市场信息对接获得项目价值，并且寻求与自身价值相匹配的工作任务。人才无意识的、自发的流动价值就在上述过程中塑造、强化并且难以替代。

"我们理事长曾经是大中型企业的老总，现在建平台是为了服务企业。承接工信部'十二五'时期全国规划的企业综合服务体系，核心是在线服务系统，通过联合会的窗口，选择15个行业协会来支持，投资8000多万元建平台，服务大厅1200平方米，资源获取和服务整合基本可以解决。6000家通过政府专项资金资助的非会员的中小企业填报数据，中小企业监测平台有100场免费活动，承接了政府转移职能，进行市场化运作。我干这行就是因为过去在政府部门工作，后来觉得不错就到了行业协会，现在到这里既与政府打交道，又和企业接触。"

2. 人才职业成长价值不等同于组织事业价值

社会组织在整个经济社会体系中具有不可替代的重要位置，组织事业价值通过对内开发人才资源使得优秀人才为达成组织目标而不断努力。对外开发市场与公众等服务资源，重视事业发展的经济社会环境，在公共价值和组织价值中寻求共同体的个人目标和组织目标的结合。在人才组织化的职业探索阶段，本应是组织传递从业信号，个人价值受到组织事业价值的影响，从而将组织性质、组织品牌和组织声誉作为重要的选择因素，组织通过管理规范和文化认知来塑造人才从业标准、岗位评估、流动配置与职业生涯发展，顺利完成人才组织化生长的过程。

但这种状态要求社会组织有明确的权力归属、制度规范、知名度和健全的职业发展体系，只有这样才能构成组织事业价值的吸引力。在人才职业发展探索或定位阶段，其职业价值还需有"组织召唤"时，组织正是有意识、有目标地发展专业人才，意图表现得十分明显，主要是"发展我们组织需要的人才"，强调组织对个人的同化作用。一些知名社会组织的事业价值对人才是存在影响的。

> "目前有三大事业群：社会创业、社区建设和公益咨询。我相信自己足够优秀，想去做一些事。毕业以后我曾加入 MSIC 志愿者组织，后来 2009 年面临职业选择，家里态度比较开明。2010 年入职，先加入女性生育自主权的社会组织，2011 年才来这里，我对这里的使命和愿景是非常认同的，做社会创新领域有挑战，但是我喜欢挑战。我们现在内部有督导、高级发展计划、培养讲师和导师，分别是 Fast start，Train of trainer，Senior leader team，3 个事业群的主管和 3 个主任制定了战略调整，每年要开年会讨论组织发展，微软的 Share Point 帮助我们构建了规章制度、员工发展、业务学习模块，效率高并且节约人力成本。"

但是，调研中我们不得不承认，相当多的社会组织的事业价值十分不清晰，甚至是一种游离状态。这一点和企业、政府部门完全不同，企业的事业价值是明确的，表现在企业竞争优势产生的市场利润，事业战略导向不清晰的企业很快就会在市场竞争中消亡。政府部门的事业价值是公共性的，有其严格的公共服务要求和政府服务价值导向。而社会组织的事业价值处于模糊地带，部分社会组织没有人才进入组织的标准，相反是来询问人才的具体需求。组织可提供职业机会但是却没有可以选择的资源，当人才个体选择遵从内在职业自主权从事社会组织的相关工作时，却发现组织无法提供其所要求的"内在回报"。这些回报既有经济性的（包括薪酬奖励、绩效激励、奖金等），又有精神性的（包括在工作中或事业中开拓新的机会和资源）。从而达到个人价值的最大化，能力达到业界的卓越水平的组织认可，还可能包括来自外部的成就、荣誉和地位。社会组织无法实现人才的内在回报时，人才组织化生长过程是相当困难的。

> "一个社区政府购买6个岗位，一共50万元，区里配套20多万元，20%业务运营，20%行政管理费用，50万元有70%核定，社工总共5000多人，135家社工机构，社工人才流失率为20%。政府已经购买服务，但人为什么要走？年收入只有7万多元，政府购买服务的人工支出只能是劳务，工资无增资机制。社工机构大量膨胀，高度同质化，拿着政府的钱，这些机构就像大的劳务派遣市场。"

谈及社会组织的组织事业价值，需要分析其历史渊源。这种组织的演变是长期经济社会体制改革的结果。中国曾经发生了较大规模的行政改革，大量的原有公共部门的行政人员等待分流。受原有双重管理体制的影响，部分社会组织特别是民办非企业单位，是原有体制内单位衍生出来的。这些组织多半由体制内单位发起并成立，政府购买服务为这类组织的生存和发展提供了生存发展的契机。受前述政府主导的庇护关系的影响，政府主导部门就是业务主管单位，社会组织由于长期受到政府管制力量的控制，按照政府要求建立组织架构，习惯了从政府部门获取资源。它们提供社会服务的职能许可、资源配置、服务准入都是政府决定的，它们赖以生存的运作机制是行政化的，组织的人事管理体制与政府相比并无差异，国家给予专项经费，人员占用行政事业编制。

在这种情况下，社会组织安置了大量被政府机关分流的公职人员，特别是行业协会、官方社会组织成为容纳这些人员的安置之处，这种自上而下的制度演变是中国社会组织改革的重要特征。社会组织初期发展离不开政府的推动，行政机构的力量确实起了关键性作用，通过类似的制度安排，社会组织解决了组织合法性的问题，明确了地位和职能。社会组织开展社会公共服务互动，主管部门支持日常工作甚至直接参与社会组织的各项资源运作。部分具有影响力的领导退休后直接担任社会组织重要领导职务，由于政府力量对社会组织的强烈影响，这种脱胎于体制内的组织的事业价值其实与政府机关并无本质区别，这种半官方色彩使得社会组织核心管理和执行人才被认为是国家公职人员体系范围，但实际上两者却有截然不同之处。

社会组织中"在编者"与"无编者"有相当大的差别，表现在：一是机构决策权来源于政府主导部门，传统的行政性工作方法不一定适用于所有组织，虽然依赖于体制内，有资金、组织、资源动员等优势，但是专业化技术治理仍受到冲击；二是行政指令色彩大于能力绩效色彩，使得专业人才对这类组织事业的认可出现了错位。社会组织并未由"政府行政机构"充分转变为"社会事业部门"。这类社会组织运行管理的核心是权力归属，主要代理执行政府委托代办事项，社会组织的人事、经费和资源获取实质上还是国家意志的体现。这类社会组织的领导层、管理层和核心执行者一般有事业编制，享受财政全额拨款，工作绩效主要靠政府部门去监督评价，职业生涯发展参照事业单位管理。部分机构职位较高的理事或者已经退休的理事，通常与领导干部身份有着一定联系。由于具有国家和机构的双重身份，职能边界模糊化，行政职能和专业职能交叉，社会组织事业价值等同于公共部门机构使命。

这类组织一般是政府部门或事业单位的原有人员，具有政府背景的公职人员仍然出任领导决策、项目执行的重要岗位，处理政府委托代办的核心业务或者承接政府公共服务事项。虽是独立法人管理，但由于生成于原有政府系统内部，实际上并没有与业务主管部门完全脱钩，这类机构在本机构内部或下设直属单位，择取社会发展特殊项目、临时紧急项目或者部分专业技术性强的业务培训岗位，通过市场化招聘引进专职人才，但是招聘人才薪资由机构代发，资金来源主要是上级主管部门或政府机构。

"许多商会的会长、秘书长，并没有把这个当成一个组织来进行建设，还认为是个政府部门，以前会长基本是兼职，退休下来的党政领导干部，目前也需要组织部批准，不能领薪酬。这种质没有变化怎么吸引人，架构和机制还是原来那一套……有事找政府，没钱找政府，为别人办事做事，忘记了组织要发展、规划、激励，满足会员需求。行业协会、商会与行政机关脱离才能发展好。"

社会组织内部治理结构中领导者的决策权威性，是社会组织内部凝聚力的一个重要来源。如果社会组织领导层具有足够权威，那么可能产生典型的魅力型权力。个人魅力是志愿结社性质组织的一个条件。由此，组织事业价值也时常演变为领导者个人组织发展意图，不是组织吸纳人才，而是领导者游说组织需要的人才加入社会组织。这样的方式存在于多个社会组织生成发展的轨迹中，领导者个人魅力的组织治理有其优势的一面，比如，集体决策行动容易实现、降低组织运行成本等。但另一方面，领导者个人职业选择的不确定性也会影响组织的存续，如果继任者不具有前任领导类似的魅力，导致人才无法对整个组织产生认同，继而社会组织影响力下降，行动力不足，最终无法维持组织生存。以个人领导风格特质代替组织事业价值，也是十分不稳定的一种组织化形塑，这种形塑不仅存在于组织与人才个体之间，也存在于不同管理层次的人才个体之间。

"社会组织的起步是靠负责人眼光、布局，在很大程度上是'拼领导'，之后才是'拼团队'。我们创办人有3人，靠师徒式培养人才。现在一般员工基本是'90后'，平均28岁，主要的老员工是对我们的认同，目前我领导的已经有5家社会服务机构和3家企业成员。政府购买服务的比例达到98%。我们与海淀、东城、西城和门头沟都有接触，现在主要是所长工作要行，才能留得住人，没有人才怎么干事，政府那头领导再换也不影响我们提供服务。最怕就是负责人不干了，这个机构也散了，这些年我们主要考虑人的绩效管理，最好能有个规范的东西……"

社会组织事业价值处于模糊且波动阶段时，人才个体职业成长价值不等同于组织事业价值。过去以岗位为基础的组织设计使得人才往往集中为少数组织效力，在一个组织内完成职业探索、职业确立和职业成熟的不同发展阶段。而当组织事业价值不够凸显时，人才往往会突破组织的限制，为寻求更好的发展而在不同组织间进行流动，这种流动是工作层面的职业成长。随着"无边界"职业生涯的深入发展，人才在不同组织之间的流动成为越来越常见的模式。

这种行业内的职业成长价值往往伴随着目标、报酬、晋职可能、社会地位从而获得较高的职业竞争力。人才职业成长价值不等同于组织事业价值。调研资料表明，人才往往会将目前的工作与未来的职业目标相联系，这个目标可能就是现有社会组织事业目标，也可能超出社会组织事业目标的范畴。同时，目前的任务和资源将与未来的职业发展有关联，包括预期职位级别、管理层级、职权范围、个人威望等。归纳起来，职业成长价值既有客观方面也有主观方面，除了职业理想、目标、能力发展、组织晋升和工作报酬，还有人才注重的职业向上机会与事业成就。特别是当社会组织有更多的复合型人才时，尤为看重职业成长价值，希望构建业务能力、决策能力、人际能力、政府沟通能力与团队协作能力、抗压能力与危机处理能力，探寻自己所未知的职业潜力而不一定非是所谓的职业成功。

> "和政府脱钩后，协会自身发展对秘书长等重点人群出台了管理制度，包括等级评估、成员背景、经验培养、能力框架等。经济类社团中高端人才十分抢手，他们想要挖掘自己可能达到的高度，通过在社会组织发挥作用来锻炼成长，找到价值感，特别是跨界资源的整合能力。他们不一定会一直留在社团，这些人一般综合能力非常强，能打开政府、社会和企业的接触面，能讲、能写、能组织，中层以上人才资源是不错的，对他们来说，这里有想象空间，有各种社会资源、市场和政府合作的可能性。"

综合来看，社会组织人才组织化形塑过程受到关系维度和价值维度的作用。表现出如下发展轨迹：从关系维度而言，职业关系正在剥离组织关系，交易关系正在取代承诺关系；从价值维度而言，人才资本价值超越人事管理价值，职业成长价值不等同于组织事业价值。

政府购买服务的兴起，使得部分社会组织正在从原有管理体制中逐渐转型为具有现代意义的公益服务性组织，但是由于组织自身发展受到各种影响，而人才个体又因职业目标、职业价值、职业生涯、职业能力的多维度作用，使得人才进入组织并未延续传统发展历程。这种组织化形塑抗争的焦点，就是组织不等同于事业，事业不等同于职业。普遍研究认为,社会组织人才留任意愿低、离职倾向强烈、吸引人才难并且人才工作满意度不高,实际上是组织边界发生了改变。传统的雇佣关系遭遇了挑战,社会组织人才资本价值稀缺,在具有明显外部性的同时,人才流动价值在当代社会发展中仍在日益攀升。

三、专业化发展与结构性调整

部分发达地区由于受到关系和价值的形塑作用,社会组织专业化在结构性调整中寻找着发展间隙,这是社会组织保持服务水平、维持公共服务效率、增强公共服务品质的重要基础。只有更多高端人才代表专业化水平,社会组织才能获得越来越多的公共事务治理资源。以北京地区为例,社会组织吸引人才的数量在持续增加。2015年专职工作人员有16万人,平均每个社会组织拥有17.2个专职工作人员,民办学校作为实体性社会服务机构,平均专业人员数量达到43.9人,其他领域民办非企业单位平均专职工作人员数约为18.3人,社会团体、基金会专职人员数量相对较少,平均有6.4名工作人员。其中高学历、专业化人才占比持续增加,市场化程度高、功能较强的社会组织,在薪酬、待遇、职业生涯方面对人才产生了一定吸引力。以中关村地区为例,专职工作人员达到1300名,社会组织平均专职人员数量是9~10名,其中35岁以下的占72%,拥有本科以上学历的占87.6%。例如民办教育协会,专职人员均为本科及以上学历,30%为硕士或博士学位。内部报告的数据调查同时显示,2015年深圳60%以上的社会组织建立常态的岗位薪酬管理与考核评价机制,54%的社会组织建立了专业人才队伍。

（一）关系转型的专业化服务

在新公共管理改革和公共服务社会化改革中，关系转型的契机给社会组织带来了一定的专业化发展空间。与以往公共服务由政府和事业单位提供不同，社会组织内外部关系正在发生转变，产生了"政府关系"和"社会关系"双重导向。社会组织专业化重塑正经历由政府主导变为社会孵化。社会组织以其多元治理体系中重要的公共服务治理角色，参与公共部门共同生产公共物品，接受提供服务的制度安排。从关系搭配来看，在政府与社会的适度嵌入下，支撑社会组织专业化发展的关系主要存在以下两种。这些关系的共同点都是存在两个或两个以上的重要参与角色，每个角色相互之间的关系是持久的而并非短暂的，对公共服务的责任、可能产生的风险和服务质量均有不可推卸的责任。

1. 基于互补的专业化服务

正是出于对公共服务提供质量和效率的要求，政府把原有可能承担的部分职能和服务交由社会组织来完成。政府、企业和社会组织在追求实现社会服务需求上存在资源合作与共享。其中，社会组织专业化的发展以合作互补性治理格局发挥影响力。这种专业化重塑的前提是，任何一个合作方都无法单独完成目标，正是由于目标和服务识别的需求多元，需要社会组织提供与政府不同的异质性服务。政府部门所不能提供的正是社会组织可以弥补的，在公共服务领域政府不可能包罗万象，政府只可能是掌舵者而非划桨者。而社会组织扁平化的组织架构使其具有更多的灵活弹性，不仅针对社会公众提供切实满足需求的社会产品，还能产生服务回应性，回归公益价值。政府与社会组织分化的异质治理领域，政府向社会组织提供的是制度政策、法律保障、组织合法、财政经费等，社会组织向政府提供的是社会影响、公信力、服务绩效。

社会组织与政府的专业化治理，首先是要灵活适应服务群体的变化。承接政府购买服务领域的社会组织提供个性化服务，当关系到社会稳定与社会和谐的重要服务单元时，面对特殊的服务对象群体，社会组织构建了不同类型的社会服务。每种类型的服务都指向不同受众，根据实际情况和社会公众期望来完成服务提供的全过程。这类社会组织就其本身而言，组织地位是十分稳固的，往往能够得到政府的信任，从而进一步发展其专业化。

其次是采用专业化的服务理念和服务手段。社会组织因为直接接触社会公众，对社会服务运作的属性比较熟悉。因此，社会组织以顾客为导向，提供的服务是灵活的、有弹性的，这是政府提供服务不能比拟的。社会组织的专业化重塑体现在服务细节、专业人才、公共产品和公共设施是开放的，可以定制化满足需求，也可以标准化统一需求。公共基础设施、服务硬件设施不需要太多变化，只是将服务机制流程进行了社会创新。将资源内外链接，辅以信息技术的管理升级，就可保证跨部门、跨区域的服务合作。

社会组织基于政府与社会关系的双向互动，逐渐呈现出公共服务与组织结构之间的张力，社会组织通过公共服务的倒逼式创新，其结构正在发生微妙的改变，组织内容和形式可能并未发生根本转变，而组织流程和组织机制却在帮助社会组织重塑专业化发展。究其原因，社会组织在与政府关系嵌入时，因其社会化公益属性得以青睐，组织主体与社会公众、特殊需求之间的互动是前所未有的。但是，社会组织在自身组织使命不够清晰的情况下，碎片化的组织行动特征会导致专业化进程受阻。部分社会组织在目标使命确立后，能以其不同于传统政府治理的优势，结合组织变革去适应外界服务需求的变化，由此获得了专业化生长的时机，需要特别注意的是，这种社会组织的成长发展与人才组织化生长过程是同步的。

2. 基于协作的专业化服务

社会组织在公共服务多元化需求和自身能力之间，逐渐从承接公共服务转为联合提供公共服务。由于社会组织基于不同行业、不同分工产生不同的服务范围，公共服务的回应性要求社会组织对整体公共服务有一系列的计划和安排，在社会组织无法满足服务需求时，就发生了组织结构的"渐变"以采取专业化运作。这种运作基于公共服务整体目标策略的角度，打破原有社会组织碎片化的服务治理特征，形成合力提供公共服务的局面。

第一类专业化协作体系从政府购买服务项目治理的角度，通过项目制招投标、发包与承包，将服务体系集合到一个资源平台来共享实现。通过考察社会组织治理关系之间的关联性，设定目标利用信息系统或者组织间的协议，将社会组织不同部门、社会组织内部机构、社会组织不同行业之间，在地理分散的情况下，构建一体化信息和服务平台以提供整体的公共服务。基于协作的社会组织之间的专业化服务，虽是分工合作的状态，但涉及组织的统筹、重组能力。通过对服务项目、服务水平和服务优势的定位，加以协同和引导，实现组织间的协作，完善多中心的公共服务供给模式。一般来说，社会组织与社会组织之间的协作首先有合作的外部环境，基于政府关系良好的状态来共同提供公共产品。多方利益在多元治理体系中存在交叉点，了解组织的专业化方式、服务习惯和行动效果。在此基础上，不同组织之间达成合作的意愿，决定就某一公共服务形成共识，同时构建合作的信任关系，对合作环节多方磋商并精心设计服务分工，以高质量完成服务来共同分享协作治理的成果。

专业化服务的协作体系既是对社会组织获得充足的行动资源提供保障，体现出不同组织的服务特色，又实现了政府希望社会组织完成高效公共服务供给的政策意涵。基于协作的社会组织互惠互利的局面，社会组织专业化迅速发展，甚至吸引大企业结成伙伴关系，以此提升全社会公信力。随着最初组织规模的不断扩张，行动资源越来越丰富，社会组织本身得以受益，能够培养相当多或者相当高水平的专业人才从事具体服务。

第二类专业化协作体系主要借助"社会培育"力量，从培育专业化能力导向入手，社会组织通过"自组织"方式，依托"社会孵化"或者"公益孵化"，形成社会组织与社会组织专业化服务的协作模式。例如，部分枢纽型社会组织在得到政府许可后，孵化本土社会组织和公益人才，重点是社会服务类和公益慈善类社会组织。针对政府购买服务的项目，提升社会组织项目运作能力，引导社会组织专业化发展。通过向社会公开征询社会组织入壳孵化，根据组织发展目标、团队人员、项目潜力和社会需求进行孵化前评估。为参与孵化的社会组织提供免费的办公场地、培训课程、注册协助、能力建设指导和专家库资源的对接。推介社会组织承接公共服务在社会公众、街道、居委会和社区落地，定期举办沙龙、工作坊，为弱小的初创期社会组织培训治理理念、财务管理、税收政策、如何申请政府资助项目等。针对社会组织领导层、管理层和专职工作人才，进行专门的人力资源管理培训。为了提升第三部门的影响力，构建社会组织承接公共服务的规模化效应，这种互助公益的协作从社会组织诞生初期开始，着重培育的是这类组织今后能拥有相对科学的组织架构、较为成熟的管理机制和有竞争力的人才资源。

（二）组织发展的特定领域和功能优势

中国政府向社会组织购买服务的范畴目前相当大的部分集中在社会类公共产品和公共服务。按照世界银行报告的提法，社会类公共产品包括社会福利、社会保障、社会救济、社区自我管理和基层政权建设、公共设施管理和公共事业管理、环境保护与污染治理、卫生保健与疾病防疫等。根据中国政府购买服务的发展实践，政府提供社会公共服务不是要取代或矫正家庭服务，而是对日益复杂的社会需求做出的一种总体性综合反应。社会组织公共服务供给功能可以概括为：第一，社会公共服务强化和修复家庭和个人正在承担的功能和角色；第二，社会公共服务提供了新的渠道和形式来承担家庭、亲属网络和互助网络不再履行的社会化功能。它包括基本生存和生活类服务、社会发展类服务、特殊公共服务。❶

普遍来看，社会组织在教育、就业、医疗、社保、养老等领域成为重要服务提供者，在新增公共服务领域发挥着主力军的作用。例如，在帮教、助残、青少年、外来人口、环保、社会救助、法律援助、社会工作服务等领域，以提供各类社会服务为主的社会服务机构已占到社会组织总量的一半。❷ 2008—2014年，有学者认为政府选择性发展了7类社会组织，分别是文化类、工商管理类、社会服务类、宗教类、农业与农村发展类、职业及从业组织类❸。与国际上社会组织主要活跃在教育、社会服务、文化娱乐和卫生的四大领域类似，中国社会组织活动领域主要集中在教育（30%）、社会服务（15%）、农村及农业发展（9%）、文化（8%）方面，社会组织总量正在接近中国事业单位的规模。2016年，我国社会组织万人拥有量超过万人基层自治组织数，地方政府将社会组织视为仅次于政府和基层自治

---

❶ 陈书洁. 社会本位：政府购买服务的转型及其人才开发 [M]. 北京：社会科学文献出版社，2016：62.

❷ 黄晓勇，蔡礼强. 迈入新时代的社会组织：新发展、新定位、新机遇、新作为 [R]. 中国社会组织报告，2018.

❸ 颜克高，林顺浩，任彬彬. 发展抑或控制：地方政府社会组织分类治理策略偏好 [J]. 中国非营利评论，2017（2）.

组织的重要功能主体。

社会组织由于承接政府购买服务，部分社会组织在特定领域拥有服务功能匹配的专业优势。主要有三个表现特征：一是参与公共服务的不同社会组织的权力来源及其分配较为均衡；二是社会组织某项职能对应的具体公共服务有其明显的特点；三是特定服务提供与社会组织功能之间产生优化配置。

社会组织评估结果会对其功能导向产生影响，从全国性行业协会、商会的发展来看，获评5A级的主要优势在于研究报告成果丰富、在行业引领发展方面贡献突出、用新媒体技术手段定期公开行业信息以及促进行业内外部交流合作。从学术类社团、联合类社团、公益类社团、职业类社团来看，获评4A级的主要功能是学术活动、国际交流与合作、专业化公益服务项目、建言献策。从基金会整体运作情况来看，表现良好的主要是信息透明化、相关支出项目体现公益性。从社会服务机构来看，4A级的是坚持面向社会、服务公众，提供形式多样、内容丰富的服务活动。[1] 评估等级将成为承接政府购买服务资质的重要参考，社会组织未达3A以上级别的，不予审批立项，部分地方政府要求社会组织评估等级在3A以上的才能优先承接政府购买服务的职能转移，评估结果在客观上强化了社会组织的功能导向。实际上，社会组织在特定领域受到服务资源和公益使命驱动，解决资源提供方与服务受益方之间的矛盾，经过多年在同一领域积累的专业经验，逐渐形成社会组织品牌力量并发挥影响力。社会组织引导社会公众需求与服务供给需求不断发生契合，虽然一开始仍感受到组织生存的压力，但是随着能力优势的凸显，社会组织不仅仅只看重生存过程中的资源和权力归属，更加追求公益事业

---

[1] 徐家良. 中国社会组织评估发展报告［M］. 北京：社会科学文献出版社，2016：51-127.

价值的本质。随着个人价值、组织价值和特定领域服务的纵深推进，社会组织会产生路径依赖，形成特色化的服务领域。组织功能越明确，则专业化程度越高。相应地，社会组织对外界依赖程度降低而组织自主性提高，服务效率被激发甚至会带来额外的社会创新价值。

（三）职业成长的技术能级协作

社会组织与企业之间的资源分层与能级分化，促进了相互支持又相互分工的合作态势。联合行动是多方参与形成的互助网络，深入合作更好地削减了管理成本开支，带来了协同治理技术的创新，利用专业知识在更广的范围内增强了影响力。社会组织运用与核心竞争力相关的资源，吸纳各方组织的专业化水平，产生 1+1+1>3 的合作效果。一些社会组织开始寻求商业化管理方式，引入投资运作，逐步向社会企业转型，建立起政府、社会和企业的跨界活动领域。比起向公众筹款的不稳定性，比起向政府和基金会申请资助，以项目为依托，通过创投运营的收入可以用于支持人才投入和组织长远发展，促进专业化治理技术升级。[1] 比如，公益组织与联想公益项目的合作，使得社会组织人才在职业发展中获得了经验、知识和技术的转移。向企业学习的客户导向了解公共服务市场化运作的规律，树立起社会组织自身的品牌认知，改革对财务管理的传统方法，构建社会组织透明的运作机制。特别是联想作为 IT 行业的知名企业，借助信息技术的力量，社会组织由此注重数据和信息化流程管理，不仅需要管理者和专业服务者，还需要互联网和大数据的技能人才，拓宽了社会组织从业人才的职业空间。

---

[1] 陈书洁. 治理转型期社会组织专业人才生长机制研究——基于深圳的实践 [J]. 中国社会科学院研究生院学报，2016（5）.

进入"互联网＋公益"的新阶段，技术能级之间的融合和冲突更为明显。互联网公益流量、用户付费技术、App产品设计、舆情数据追踪等促使新技术在互联网公益领域的大量使用，直接或间接地影响着人才职业空间的多维性、远程性和链接性。例如，"码上公益"无缝连接着无论资历、年龄、行业、能力等为社会公益提供编码服务的互联网高级人才。腾讯"99公益日"用"科技创新＋公益"的模式，从产品能力、精准扶持政策以及全面的培训计划三个方面发布了"共创计划"，助力合作伙伴关系社会组织和人才的培养。阿里巴巴经济体技术公益从推广科学精神、赋能公益组织、员工公益行动三个方面号召工程师"用技术做公益"，发挥自身"独一无二"的价值。职业成长被内卷入商业与公益、技术与伦理的挑战中，社会组织公益事业因为技术创新获取前所未有的关注。扩大公共服务供给社会根基的民意基础，以技术革新引领着社会企业甚至是企业、社会组织和政府之间的治理。这包含着买卖交易、平台、社会组织、受益人和第三方机构的利益相关者关系，平衡着解决公共问题和坚持社会价值取向的难题，在当前争议中开辟了职业发展的现实可能性。

因此，结构调整中的社会组织专业化往往进入了政府与社会组织、社会组织与社会组织、社会组织与企事业单位的结构性嵌入阶段，它们形成了由政策、资本和平台共同作用的组织规模与运作结构。具体而言，有的经济型社会团体利用产业升级打造了信息化、知识化与经济利益的综合体；有的社会组织致力于构建公共事务与公共空间的自组织发展体系，提供支持性资源整合；还有的社会组织是政府、企业和社会的跨界中介，在资质认定、标准制定、研究咨询和技术推广中处于重要地位；还有的是互联网与公益结合，现实与虚拟的职业空间被平台型公益事业的技术应用无限放大。这类社会组织吸纳专业人才，除了内部设有专业分支机构或职能部门以外，在公益价值传递的基础上，健全了激励约束、绩效考核以及自律透明的现代组织架构。从传统的社会组织成功过渡到政府和社会都认可的治理主体，进一步扩大了社会事业影响力。社会组织不仅吸纳有利于其专业化发展的技能型人才，还能从劳动力市场中吸纳一批管理经验丰富、资源汲取能力强、社会感召力大的高级领导人才及其团队成员，将专业人才的个体吸纳扩散到核心团队的群体吸纳。社会组织增强实力需要专业人才支撑，而更多专业人才的加盟反过来又促进了社会组织发展。❶专业化是基于社会组织自我发展的需求与优势定位，是一种长期的人才组织化生长过程。

四、专业人才生长的系统作用机制

如前所述，本研究讨论了"适度嵌入"下社会组织人才生长的制度环境，分析了社会组织人才在三种嵌入关系下两种导向的政策体系，实质上反映的是政府与社会组织之间的关系如何影响社会组织专业人才的发展。虽然无数实践可以分为若干不同的人才组织化生长的"场景"，但实际上，关系维度与价值维度构成了社会组织人才组织化生长的形塑力量，这两种力量具体在职业关系与组织关系、交易关系与承诺关系、社会组织与政府、社会组织与社会组织之间，以及社会组织与企业主体之间产生碰撞。关系嵌入、结构嵌入和职业成长共同构成了社会组织专业人才生长的作用机制。

基于社会组织专业人才"关系化"形塑力量和结构化调整的综合解释，社会组织人才生长存在不同的差异性实践。如图 3-1 所示，

---

❶ 陈书洁. 治理转型期社会组织专业人才生长机制研究——基于深圳的实践 [J]. 中国社会科学院研究生院学报，2016（5）.

选取关系嵌入和结构嵌入作为划分维度，既有社会组织的关系嵌入、结构嵌入，还有"边缘—核心"博弈的影响，对社会组织专业人才生长系统进行了纵向匹配与横向匹配，提出社会组织专业人才生长系统的不同构型。

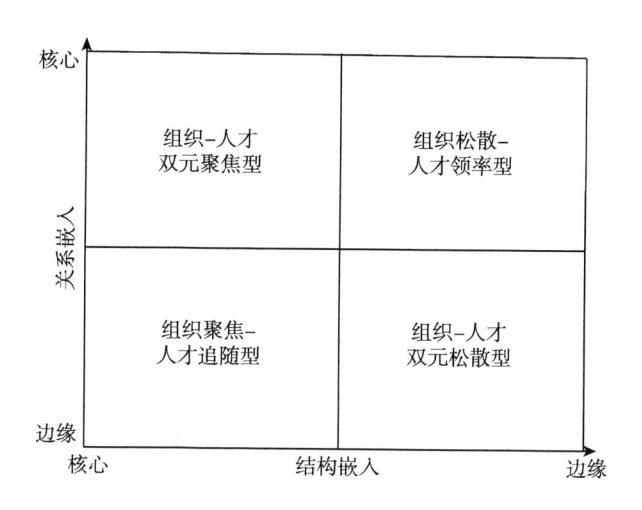

```
           核心
            │
            │  组织-人才      组织松散-
            │  双元聚焦型     人才领率型
关          │
系          │────────────────────────
嵌          │
入          │  组织聚焦-      组织-人才
            │  人才追随型     双元松散型
            │
           边缘
            └─────────────────────────
              核心    结构嵌入    边缘
```

图 3-1　社会组织专业人才生长系统构型

（一）组织-人才双元聚焦型

该类型被认为是社会组织专业人才生长的理想模式。强大的社会组织有着内外部关系链接，处于行动结构中心的位置。该组织能够将政府、第三部门和社会公众的需求进行整合，专业人才进入社会组织寻找职业发展时，其职业成长的目标相对清晰，路径比较明确。人才与社会组织的高度契合帮助社会组织进一步完善其治理架构和治理能力。这种人才生长系统机制的特征，是典型的组织吸引与职业成长的统一、组织认同与自我认同的统一。首先是社会组织与政府构成良好的信任关系，具有多元治理目标的统合关系，兼具专业化治理优势。社会组织本身与外部资源链接丰富，组织内部结构和管理制度趋于完善。在公共服务提供领域具有良好的知名度和品牌效应，深受社会公众的服务需求认可。在明确了组织事业价值和人才资本价值的基础上，实现的是人才生长过程中关系与资源、结构与功能的聚焦状态。

（二）组织聚焦 - 人才追随型

该类型是关系边缘而结构核心的社会组织专业人才生长模式。因为社会组织种类不同，政府购买服务的出现，使得政府与社会关系进入适度嵌入的状态。组织合法性与社会合理性需要权衡，在公共服务提供的多元需求下，社会组织聚焦于自身制度健全、结构完整和功能拓展。处于社会公共服务生产、提供和评价的中心位置，而是否能拥有稳定的政府合作关系或者取得公众信赖的关系，还处于不确定性阶段。因此，社会组织倾向于用组织资源整合的策略来解决组织存续的问题。如前所述，这类组织对人才采取灵活多变的形式。人才组织化生长是追随其组织聚焦状态的。如果"交易关系"大于"承诺关系"，组织对重要岗位的人才采用行业招聘、跨部门选派或者临时市场雇佣来满足组织需要。根据事业关系从属性质，采取合同管理、经济交换、项目委派等形式吸纳专业人才，也就是组织优先发展而人才"拿来主义"的倾向。

（三）组织松散 - 人才领率型

该类型是关系核心而结构边缘的社会组织人才生长模式。它的内外关系链接程度高于社会组织行动结构程度。这类社会组织关系链接强，也有可供对接的资源渠道。但由于没有稳定的组织结构来提供有效的管理资源，组织的设施条件、岗位等级、服务规模、治理行动和位置都处于边缘化，因而缺乏稳定的组织保障来支撑人才组织化生长。正是由于组织结构不健全，内部通常采用弹性化的管理机制，更注重扁平化组织构建。这对人才进入社会组织提出了非常高的要求，需要复合型人才来引领组织发展。这类人才往往既要具备工作专业性和服务灵活性的特点，又要对团队自主、项目配置和资源整合等有较高的组织协调能力，还需有效沟通社会组织内外部的政府关系、市场关系和公众关系。

（四）组织 - 人才双元松散型

这种模式在现实的社会组织和人才生长中均没有发展的可能性。它是关系边缘和结构边缘的人才生长模式。这种模式被认为是不理想的人才生长形态。事实上，这类社会组织关系嵌入的可能性小，职业发展空间也相对不足。在多元公共服务格局中没有存在感，甚至连政府和公众的基本信任都缺失。由于隔离在公共服务视野范围之外，社会部门的公益性难以确保，属于毫无现代意义的组织结构类型。从组织生存的角度而言，社会组织对人才的吸纳是困难的，缺乏规范、目标和利益需求。与此同时，人才无法通过社会组织实现职业成长。社会组织与政府和公众之间的治理关系也是游离的，不能定位、交换和共享。这种人才的组织化生长是松散的，经常表现为非正式借用、短期派遣人才等，组织化人才生长的进程是缺失的，社会组织存续对人才生长没有实质的影响。

根据理性选择理论、社会嵌入和职业发展理论，结合社会组织专业人才生长动力的来源因素，政府购买服务背景下社会主体的多方合作需要在社会公共服务中进行整合。政府与社会组织合作，体现在政府成为主要的出资方，相比较过去缺乏弹性的政府供给，政府采购能使各领域专业化的社会组织发挥特长，提供异质化的公共服务，节约成本并提高效率。在确定购买服务的领域、合理分配资金、安排计划与服务流程、控制服务质量等方面，政府的地位和责任比过去有所提高。在某种意义上，政府实际上只是一种授权，既然能"授"，也能"收"。当社会组织经历无数次实践，被证明在某一领域或某一地区已不能提供令人满意的社会公共服务时，政府就将这种外包的服务又重新收回。使政府从繁杂的服务供给中抽身，从过去无所不包转变为术业专攻。❶

政府在面临越来越难以应对的社会服务需求时，期望动员更广泛的社会资源，为社会公众提供更优质的服务。无论这种资源是由政府提供，还是由社会部门来发掘，都是社会与政府构建新型合作治理关系的一种尝试。社会组织相比政府而言，应该具有组织重塑、变革和灵活适应的特征。社会组织的动态发展使得它们可以应对不同的公共服务环境变化，识别未来可能存在的机遇和挑战，包容不同取向、不同层次和不同专业的其余社会组织开展联合行动。非营利性和服务志愿的特性使得社会组织更具有社会属性，从而实现社会治理的协作目标。

社会组织人才生长差异化构型实践离不开"关系嵌入"和"结构嵌入"的综合作用，关系嵌入和结构嵌入对社会组织专业人才生长有着显著影响。组织和人才双元聚焦的模式，离不开"关系核心"和"结构核心"。组织和人才双元松散与"关系边缘"和"结构边缘"摆脱不了干系。这就意味着中国社会组织专业化人才生长既有组织结构的一面，包括行动结构、服务结构、主体结构，也有关系整合的一面，包括政府关系、公众关系、社会其他组织关系协作甚至是合力产生新治理关系。社会组织人才生长的组织化过程受到关系和价值的形塑力量，使得人才与组织的适配呈现多面表征。从动态嵌入的视角来看，人才生长的组织化进程先有对组织的感知、组织的认

---

❶ 张汝立，陈书洁. 西方发达国家政府购买社会公共服务的经验和教训［J］. 中国行政管理，2010（11）.

可，受到组织的感召才会有个体发育。人才生长的结果与组织建设息息相关。同时，社会组织积极参与治理也是完成组织吸纳、使用和保留人才相统一的过程。

五、本章小结

合作治理中的公共服务多元供给主体普遍认为，政府的优势是社会组织所不具备的，而政府的局限是社会组织可以弥补的。萨拉蒙的"志愿失灵"理论是针对社会组织慈善供给不足、机会主义、准官僚化等提出的自身缺陷问题。政府通过税收杠杆对公共服务资源享有调配权，由此决定财政经费的使用去向，分类管理公共服务供给与惠及人群。政府政策、教育产品和行政手段保障公共服务应有的专业化。政府也有可能因为科层制导致命令和等级链条烦琐而缺乏行动效率，处于权力的中心而无暇顾及社会公众的需求或者由于时间资源紧缺而不能全面提供公共产品。合作治理创新的重要契机发端于政府购买服务，政府与社会组织由于在政策体系、组织形式和行动特征上存在互补性，因而成为双方合作发生以及深化的基础。但中国社会组织与政府之间由于存在"适度嵌入"的实践，使得社会组织能否有足够的专业人才承接治理便成为关键问题。目前从现实情况看，合作治理的主体契机、购买服务的制度扩散、共同体的事本主义导向、民主型领导条件、技术与组织的联合行动网络五个条件的出现，构成社会组织专业人才生长的主要动力。

本章第一层观点认为，社会组织专业人才从组织外进入组织内生长是一个矛盾变化的过程，受"关系形塑"和"价值形塑"两种力量的交互作用，使得社会组织专业人才发育比政府、企事业单位复杂得多。其矛盾演化的关键在于职业关系正在剥离组织关系，交易关系正在取代承诺关系。人才资本价值超出人事管理价值，职业成长价值不等同于组织事业价值。

本章第二层观点认为，究其原因，从关系层面来理解，首先社会组织关系边界始终在"组织合法性"和"社会合理性"中博弈挣扎，社会组织与专业人才生长产生了双向选择问题。一方面，社会组织总在淘汰低绩效和缺乏灵活适应能力的人；另一方面，人才也在寻找更能满足自身发展需求的社会组织。在科层体系严格的组织环境中，稳定的组织可以赢得专业人才对组织的忠诚，人才组织化亦是自我认知的一体化。然而，在组织边界模糊的情况下，人才与组织之间的职业关系已经超出一般意义。

"职业关系"与"组织关系"的剥离进程使得社会组织考虑规避用人风险，组织提供的个人发展空间与人才个体职业预期有着相当大的差别。加之政社关系进入周期性波动，项目化申请、购买服务人工列支的限制规定使得社会组织公共服务供给受到财政资金、项目审批等因素的影响，社会组织与人才之间的"承诺关系"转变为"交易关系"。这种特征导致个人在组织中的生长发育不再依赖于组织发展和进步，而是取决于以个人意志为主的职业成长。人才"组织化"生长的实质是流动更强、时间更短、交易性质更为突出的关系模式。由传统个体和组织之间的劳动契约和心理契约变为个人内在驱动的契约。由于交易关系本身决定了人才具备较强的择业能力，这类社会组织的复合型人才能够成功实现跨边界的职业发展，容易流失到社会组织界别之外，因而出现的是社会组织专业人才的断层现象。

从价值层面理解，社会组织专业人才并不适用于组织择人、为事配人的传统管理模式。社会组织人才资本价值，特别是"稀缺性、外部性、流动性"三种价值仍在与日俱增，人才资本价值超出了人事管理价值。不得不承认，相当多的社会组织的事业使命处于间断、模糊甚至是游离状态。这和企业、政府部门完全不同，部分官办社会组织的核心管理层有大量政府分流人员，存在"在编者"和"无编者"的岗位差异，政府行政部门并未转变为社会事业部门。一部分社会组织靠领导者个人魅力对核心人才劝导说服，以个人领导价值代替组织事业价值，属于十分不稳定的"组织化形塑"。过去以战略、岗位为基础的组织设计，使得人才往往集中为少数组织效力，在一个组织内完成职业探索、职业确立和职业成熟的不同发展阶段。当社会组织事业价值不够凸显时，人才往往已突破组织的限制，为寻求更好的职业发展而频繁流动。

本章第三层观点认为，社会组织专业人才在"结构性调整"中寻找着生长间隙。主要存在于关系转型的专业化服务、组织发展的特定领域和功能优势、职业成长技术能级协作的三维空间。

本章第四层观点认为，以"关系—结构"作用构成了一条基本的主线，转型时期社会组织专业人才生长机制正在固化。虽然现实可以分为若干人才"组织化"生长的"场景"，但事实上，社会组织在与政府、公众和社会力量的内外部"关系嵌入"中，在社会组织的行动主体、网络资源的"结构嵌入"中，逐渐演化出社会组织专业人才生长的作用机制。围绕"边缘—核心"的博弈影响，社会组织专业人才生长开始纵向与横向的匹配。通过构建"关系核心""关系边缘""结构核心""结构边缘"的分析框架，分析了组织-人才双元聚焦型、组织聚焦-人才追随型、组织松散-人才领率型、组织-人才双元松散型的人才"组织化"生长状态及其匹配效应。其中，"组织-人才双元聚焦型"被认为是理想状态。

综上所述，社会组织专业人才生长既要受到主体服务和行动结构的影响，又是专业化分工和治理技术深化的结果。社会组织专业人才的"组织化"生长过程，看似是一种人才从组织外到组织内的生成和成长，实质是关系与结构双重嵌入、边缘和核心双重作用的交织进程。

第四章

社会组织专业人才生长机制的实证研究

根据前述对社会组织专业人才生长机制的理论建构,结合"关系—结构"的理论框架,提出关系嵌入、结构嵌入对社会组织专业人才职业成长产生影响的研究假设。对问卷设计、样本数据收集、问卷预测试、量表修正、变量测量进行说明,结合统计分析对样本的描述性统计、主效应和间接效应进行统计验证。结合实际情况来解释统计分析结果,从而验证研究假设成立与否。

一、研究假设

(一)关系嵌入与职业成长

依据Granovetter等学者的观点,关系嵌入是指单个行为主体的经济行为嵌入与他人互动所形成的关系网络之中,描绘了所嵌入网络中人际社会二元关系的结构和特征。关系嵌入主要是指单个主体的行为嵌入它们直接互动的关系网络中,并带来有用的信息交换。关系嵌入可以帮助组织获得高质量的信息、经验和知识转移。嵌入在社会网络中的各个成员能够了解彼此的需要,形成特定的关系并达成一致的行动。

关系嵌入的维度包括关系持久度、关系交流频率和互惠性。根据弱关系的研究，组织间保持较弱的关联反而能帮助组织传递知识和信息，吸收新的观念、视角，处于异质化的关系网络能够较少受到约束和限制，从而获得更多创造活动的可能性。强关系则认为，组织间的互动和信任能够有效地增进合作，各主体资源交换的机会增多，获取信息的途径被拓展。

网络关系嵌入中的关系持久度（Relation Stability）是衡量关系是否稳定的重要标准。当面临更多的外部不确定因素时，持久的关系改善各主体对问题的认识，增强知识吸收能力，使得沟通始终得以保持，并使内容多样化，同时也降低了关系不确定性带来的交换风险。如果组织积极参与关系持久度的网络，分享到更多经验，可以增加学习和创新的机会。随着能力的不断积累，关系持久度将得以深化，以此弥补组织资源不足产生的组织距离，提高知识转移能力。Burt、Spender等学者提出关系频率（Communication Frequency）是网络关系特征的重要标准。交流频繁更利于促进交易伙伴之间发展信任及建立行为规范和获得社会认可，培育互惠意识和长期合作观念。构建共同去解决某一事务的制度安排，与治理伙伴行为的社会控制机制有着密切的联系。此外，关系交流使组织获得更加有价值的、精炼的、高质量的信息。在频繁的组织交流活动中，形成知识转移、交换的共享互动方式，网络交叉重叠推动组织吸收更好的创新创造成果。彼此合作的经验加快知识渗透，更容易得到组织的认可和信任，频繁交流帮助各组织获得存在于网络中的隐性内部知识。互惠性（Relation Reciprocity）网络中各行动主体合作平等，共同达成对资源共享、关系认可和某种行为模式，促进信息交换和技术创新，有利于知识共享，促成更广范围的社会交换。

在相关研究中，Lee、Holtom 等认为关系嵌入能够促进创新思想和组织绩效，为企业带来相当可观的效益，并促进个人的职业成长。根据翁清雄等的研究，职业成长的具体表现是关系嵌入在工作中能够极大地发挥组织自身的创新优势，个人能主动改进绩效，提升职业成长的职业目标、职业能力、职业晋升和职业薪酬预期等。职业成长社会背景之中的深度隐性知识必须建立在基于互动网络的信任、投入和交换路径的关系嵌入中。综上所述，本研究假设如下：

假设1：社会组织关系嵌入对人才职业成长有显著正向影响。

假设1a：关系嵌入对职业目标有显著正向影响。

假设1b：关系嵌入对职业能力有显著正向影响。

假设1c：关系嵌入对职业晋升有显著正向影响。

假设1d：关系嵌入对职业报酬有显著正向影响。

（二）结构嵌入与职业成长

结构嵌入是指行为主体所在网络与其他社会网络相联系构成并嵌入整个社会的网络结构，描述了行为主体多维度嵌入关系构成的各种网络的总体结构、功能以及行为主体在网络中的位置。结构嵌入的关注重点是网络的密度以及行为主体的网络位置对其行为和绩效的影响。考察行为主体多维度嵌入构成的各种网络的整体性结构。具体来说，社会被视为一个市场，各主体在自我利益的驱动下交换各种产出。为何有的行动者做得更好，能有更多的回报？社会资本认为这是因为该主体与其他社会主体产生了网络联系。职业发展视角认为人在网络中具有更高的能力、更多的技能。结构嵌入有利于促进组织的认同、协调与资源合理配置，促进行为主体作用于各种网络的整体性结构。Uzzi 指出，处于网络中心位置的节点拥有信息、声誉和地位优势，能通过多种途径获得关于其他组织资源和能力的信息，更有效地获取和控制资源，有效降低信息不对称程度，提高决策效率和效果，并增强组织的资源利用能力，高密度网络就像强关系一样也可作为基于信任的治理机制。

在 Coleman、Burt 提出的"结构洞"理论中，嵌入松散型网络的主体获得多样和异质的信息，结构洞越多，行动者越可以跨越边界将原来没有任何联系的行动连接起来，提高效率取得非剩余信息交换带来的第三方优势。为了当前不具备的资源，搜寻工作或者职业发展，要跨越结构洞，延伸"桥"在信息和影响力的传递。网络闭合理论强调，紧密型网络的行动者获取更为值得信任的信息来源，创造社会资本并且避免被利用的风险，可以促进伙伴间信任和合作方面的优势。

结构嵌入的网络中心性（Network Centrality）是指某主体在网络中的自主程度。接近中心，意味着这个主体可以接触到网络中其余组织，相对地不受其他主体的控制。网络规模（Network Size）是指网络中所有联结关系的数目和种类数目，是网络资源是否丰富的参照。个体数量越多，越能促进信息资源的分布以及知识的利用、转移和创新。其中，网络异质性（Network Heterogeneity）用来衡量除了主体数量丰富之外的多样性程度。Lin 认为网络异质性越大，资源的种类、层次和级别的差异化越明显，越容易推动新知识的出现，从而实现创新的可能。进一步，网络连接的稠密程度一般被形容为冗余或者非冗余。Burt 认为非冗余程度越高，结构洞的优势越显著。Rowley 认为冗余程度高，表明主体所在的网络是一个紧密联系的网络，否则表现为松散网络。网络开放度（Network Openness）使行动主体具备增加异质性资源的可能性，避免闭合网络导致的同质化封闭风险，有利于掌握更多知识和技术资源，产生外部知识溢出的外部效应。综上所述，本研究假设如下：

假设2：社会组织结构嵌入对人才职业成长有显著正向影响。

假设2a：结构嵌入对职业目标有显著正向影响。

假设2b：结构嵌入对职业能力有显著正向影响。

假设2c：结构嵌入对职业晋升有显著正向影响。

假设2d：结构嵌入对职业报酬有显著正向影响。

（三）组织吸引力的调节作用

组织吸引力是指个体对组织工作的预期收益感知，是对组织形象和工作场所总体水平的综合评价。根据Lievens等学者的研究，将组织吸引力分为功能性和象征性特征两个维度。功能性特征是从实在的、现实的角度描述工作或组织，如薪资、晋升、福利、弹性工作时间和工作地点。象征性特征是从主观的、无形的角度描述工作或组织，如诚挚、创新、能力、声望、坚强。组织吸引力较高的组织对关系嵌入与组织认同有调节作用。Ferris等验证了挑战性的工作、公平的报酬、支持性的工作环境、融洽的同事关系等会引起员工工作动机和态度的改变。当组织提供挑战性的工作、公平的报酬、支持性的工作环境和融洽的同事关系时，人员能感觉到组织在为其投入，认为组织是有吸引力的。根据社会交换理论，组织的投入是组织对双方雇佣关系的承诺，在互惠原则的指导下，组织中的个人会更努力地工作和更积极主动地参与管理并给予回报。这种情形普遍存在于企业组织行为中，虽然关于社会组织的组织吸引力研究较少，但并不代表组织吸引力作用不存在。综上所述，本研究假设如下：

假设3：组织吸引力调节了关系嵌入对职业成长的正向影响。

假设3a：工作价值调节了关系嵌入对职业成长的正向影响。

假设3b：基础价值调节了关系嵌入对职业成长的正向影响。

假设3c：经济价值调节了关系嵌入对职业成长的正向影响。

假设 3d：社会价值调节了关系嵌入对职业成长的正向影响。

假设 4：组织吸引力调节了结构嵌入对职业成长的正向影响。

假设 4a：工作价值调节了结构嵌入对职业成长的正向影响。

假设 4b：基础价值调节了结构嵌入对职业成长的正向影响。

假设 4c：经济价值调节了结构嵌入对职业成长的正向影响。

假设 4d：社会价值调节了结构嵌入对职业成长的正向影响。

（四）组织认同的中介作用

Ashforth、Mael 认为组织认同是个体对于组织成员感、归属感的认知过程，组织认同感高的个体会因为与组织的同一性而关注组织的发展，将组织的事当成自己的事，当组织出现问题时就要去积极解决，这种感知既是个体自我认知一体化的过程，也是个体借由组织这个载体，连接自我概念和组织身份的趋同纽带。从情感的视角出发，O'Reilly、Chatman 认为组织认同是组织成员出于对组织的吸引和预期，进而保持在情感上的某种自我定义。

根据社会认同理论，将组织认同视为个体由对自我组织成员身份的认知而产生的一种自我概念，以及依附于这种成员身份产生的价值观上的一致感和情感上的归属感。Patchen 认为组织认同是组织成员与组织团结一致的感觉，支持组织的行为以及与组织中其他成员拥有共同特征的感知。

狭义概念上，组织认同只包括认知维度，强调个体对组织成员的自我定义。广义概念上，组织认同不仅包括认知维度，还包括情感维度和行为维度，强调了个体依附于组织成员身份而产生的对组织的情感性及行为表现。Rousseau 提出组织认同可以分为情境性认同和深度认同，前者是指个体根据所处的组织环境，将自己知觉为组织成员身份；后者不仅包括个体对组织成员身份的知觉，还包括自我和组织之间的一种根本联系。将组织中自我概念和组织外的自我概念两者进行统一，深度认同比情境性认同更为稳定。Turner 提出个体通过推断组织中他人对待自己的方式来形成自我概念和自我定义。关系嵌入和结构嵌入考察行为主体处于各种网络的整体性结构。当个体觉得自己与组织联系紧密时，就会将自己与组织看成是互为一体的，个体的组织认同感越强，组织与个体的双向互动越好，人与组织之间更为契合，实现个体需要和组织需要的同时满足，促进个体在组织中的职业成长。综上所述，本研究假设如下：

假设5：组织认同在关系嵌入与职业成长之间起中介作用。

假设6：组织认同在结构嵌入与职业成长之间起中介作用。

二、样本与分析方法

（一）样本与数据收集

研究采用问卷调查法，在北京东城、西城、石景山、朝阳、海淀、昌平、顺义、延庆区域，随机抽取社团、基金会、社会服务机构（民办非企业单位）、枢纽型社会组织的法人、理事长、会长、副会长、院长、副院长、项目总监、项目主管、项目经理、总干事、联合创始人、发起人、秘书长和副秘书长等社会组织专业人才进行调查。

样本对象是"在社会组织一定级别的岗位上工作，具有一定知识、经验和技能，能够获取相应报酬的专职带薪人才"。样本不含兼职人员、劳务派遣人员、返聘的离退休人员与志愿者。一共有543名人才代表参与了问卷调研，删除无效问卷后，最终获得441名社会组织专业人才样本。样本有效率为81.22%。其中，男性200人，占45.4%；女性241人，占54.6%。平均年龄是29.5岁，学历大专以上共有403人,占91.4%。社会组织专业人才从业基本情况见表4-1,社会组织基本情况见表4-2。

表4-1 社会组织专业人才从业基本情况

主要变量	频数(人)	百分比(%)	主要变量	频数(人)	百分比(%)
性别			学历		
男	200	45.4	高中以下	11	2.5
女	241	54.6	中专(中师)	27	6.1
年龄			大专	105	23.8
≤19岁	2	0.5	本科	219	49.7
20~29岁	158	35.8	硕士	73	16.6
30~39岁	151	34.2	博士	6	1.4
40~49岁	87	19.7	目前担任最高级别		
≥50岁	43	9.8	项目成员	34	7.7
在社会组织工作的时间			项目主管	81	18.4
<1年	44	10.0	部门总监	45	10.2
1~3年	128	29.0	秘书长、副秘书长	69	15.6
3~5年	114	25.9	总干事	23	5.2
6~8年	66	15.0	理事会成员	10	2.3
≥9年	89	20.2	总裁、副总裁	7	1.6
您从何途径进入社会组织			理事长、副理事长	23	5.2
应届毕业生	117	26.5	法人代表	52	11.8
企业	121	27.4	社会工作者	39	8.8
事业单位	56	12.7	办公室主任	29	6.6
政府	22	5.0	行政专员	28	6.3
基层自治组织	26	5.9	其他(请注明)	1	0.2
自由职业者	99	22.4			

表4-2 社会组织基本情况

主要变量	频数（人）	百分比（%）	主要变量	频数（人）	百分比（%）
所在社会组织性质			专职工作人员数量		
专业性社会团体	62	14.1	≤5人	142	32.2
行业性社会团体	30	6.8	6~10人	101	22.9
学术性社会团体	18	4.1	11~20人	73	16.6
联合性社会团体	25	5.7	21~30人	29	6.6
公募基金会	53	12.0	31~40人	25	5.7
非公募基金会	37	8.4	41~50人	6	1.4
法人民办非企业单位	136	30.8	51~60人	7	1.6
合伙民办非企业单位	6	1.4	61~70人	5	1.1
个人民办非企业单位	50	11.3	71~80人	1	0.2
社会企业	10	2.3	81~90人	1	0.2
其他（请注明）	14	3.2	91~100人	2	0.5
是否参与政府购买			>100人	49	11.1
没有参与	160	36.3	成立时长		
参与	281	63.7	≤5年	231	52.4
兼职工作人员数量			6~10年	127	28.8
≤5人	246	55.8	11~15年	41	9.3
6~10人	80	18.1	16~20年	17	3.9
11~20人	55	12.5	≥21年	25	5.7
21~30人	24	5.4			
31~40人	8	1.8			
41~50人	28	6.3			

（二）变量测量

关系嵌入、结构嵌入、组织认同、组织吸引力和职业成长的问卷采用李克特6点量表（1=非常不同意，6=非常同意）。

关系嵌入：采用Johnson等开发的12个题项的量表，包括关系持久度、关系交流频率、互惠性三个维度。样题如下："本组织与政府部门建立了长时间的联系"。该量表的Cronbach's α 系数为0.859。

结构嵌入：采用 Yam 等在研究中使用的 16 个题项的量表，包括网络中心性、网络规模、网络异质性、网络开放度四个维度。样题如下："公众服务对象了解本组织的情况"。该问卷的 Cronbach's α 系数为 0.870。

组织认同：采用 Mael 和 Ashforth 开发的 6 个题项的量表。样题如下："我所在的组织的成功就是我的成功"。该量表的 Cronbach's α 系数为 0.864。

组织吸引力：采用本研究和杨智雄等开发的 20 个题项的量表。由于以前的组织吸引力量表针对企业，主要体现经济价值。社会组织作为非营利部门，体现社会价值。将原有量表条目扩充，包括工作价值、发展价值、经济价值、社会价值四个维度。该量表经过 117 份问卷预测试后，修正了 3 个测量条目。样题如下："社会组织有良好的社会声誉"。该量表的 Cronbach's α 系数为 0.919。

职业成长：采用翁清雄、席酉民等开发的 15 个题项的量表，包括目标、能力、晋升机会、报酬。样题如下："目前的工作使我离自己的职业目标更近一步"。该量表的 Cronbach's α 系数为 0.917。

控制变量：包括员工的性别、年龄、学历、工作年限与最高职务。

三、实证结果分析

（一）验证性因子分析

研究采用验证性因子分析考察关系嵌入、结构嵌入、组织认同、组织吸引力、职业成长的区分效度。与其他四个模型相比，五因子模型对数据的拟合效果最好，$\chi^2/df = 1.351$，CFI = 0.949，TLI = 0.927，

RMSEA = 0.042，IFI = 0.957。另外，通过模型比较，我们发现五因子模型明显优于其他四个模型（见表4-3）。综上所述，本研究认为这五个构念具有良好的区分效度。

表4-3 验证性因子分析结果

模型	χ^2/df	CFI	TLI	RMSEA	IFI
五因子模型	1.351	0.949	0.927	0.042	0.957
四因子模型	2.224	0.827	0.885	0.078	0.813
三因子模型	4.869	0.678	0.636	0.131	0.669
二因子模型	6.178	0.545	0.480	0.144	0.571
单因子模型	8.142	0.367	0.309	0.174	0.352

注：五因子模型：关系嵌入、结构嵌入、组织认同、组织吸引力与职业成长；四因子模型：关系嵌入与结构嵌入合并为一个因子；三因子模型：关系嵌入、结构嵌入与组织认同合并为一个因子；二因子模型：关系嵌入、结构嵌入、组织认同、组织吸引力合并为一个因子；单因子模型：所有变量合并为一个因子。

（二）描述性统计分析

经过数据处理，筛选基本情况缺失的数据。描述性统计分析结果的各个变量的均值、标准差和相关系数见表4-4。

表4-4 描述性统计分析结果（$N=441$）

变量	1	2	3	4	5
1 结构嵌入	1				
2 关系嵌入	0.730***	1			
3 组织认同	0.236**	0.383**	1		
4 组织吸引	0.541**	0.625**	0.530**	1	
5 职业成长	0.268**	0.395**	0.358**	0.710**	1
均值	3.728	4.231	4.927	4.374	4.115
标准差	0.792	0.789	1.566	1.513	0.967

注：** 表示 $p<0.01$，*** 表示 $p<0.001$。

(三) 检验分析

研究采用 SPSS 21.0 进行回归分析。控制了性别、年龄、学历、工作年限和最高职务变量，以职业成长为因变量，引入关系嵌入作为自变量，关系嵌入对职业成长具有显著正相关（$\beta = 0.387$, $p < 0.001$）。关系嵌入各维度均对职业目标具有显著正相关，其中互惠性影响系数最高（$\beta = 0.450$, $p < 0.001$）（见表4-5）。关系嵌入各维度均对职业能力具有显著正相关，其中互惠性影响系数最高（$\beta = 0.459$, $p < 0.001$）（见表4-6）。关系嵌入各维度均对职业晋升具有显著正相关，其中互惠性影响系数最高（$\beta = 0.320$, $p < 0.001$）（见表4-7）。关系嵌入各维度均对职业报酬具有显著正相关，其中关系持久影响系数最高（$\beta = 0.162$, $p < 0.01$）（见表4-8）。

表4-5 关系嵌入对职业目标影响分析

变量	模型1		模型2		模型3	
性别	0.099 (0.339)	0.044	0.072 (0.481)	0.032	0.079 (0.410)	0.035
年龄	0.131* (0.033)	0.116	0.109 (0.070)	0.096	0.045 (0.430)	0.040
学历	0.015 (0.792)	0.012	0.022 (0.698)	0.018	0.009 (0.855)	0.008
工作年限	0.046 (0.325)	0.053	0.051 (0.269)	0.058	0.059 (0.170)	0.068
最高职务	0.007 (0.607)	0.024	0.011 (0.454)	0.035	0.004 (0.779)	0.012
交流频率	0.303*** (0.00)	0.259				
关系持久			0.366*** (0.00)	0.317		

续表

变量	模型1		模型2		模型3	
互惠性					0.554＊＊＊ （0.00）	0.450
R^2	0.084		0.117		0.218	
Adj（$-R^2$）	0.072		0.105		0.207	

注：＊表示$p<0.05$，＊＊＊表示$p<0.001$。

表4-6 关系嵌入对职业能力的影响分析

变量	模型1		模型2		模型3	
性别	0.098 （0.367）	0.042	0.078 （0.465）	0.034	0.078 （0.431）	0.034
年龄	0.120 （0.063）	0.101	0.101 （0.113）	0.085	0.032 （0.592）	0.027
学历	0.031 （0.595）	0.025	0.039 （0.502）	0.031	0.029 （0.589）	0.023
工作年限	0.063 （0.199）	0.069	0.066 （0.173）	0.073	0.076 （0.090）	0.084
最高职务	0.020 （0.187）	0.062	0.024 （0.112）	0.074	0.017 （0.232）	0.052
交流频率	0.311＊＊＊ （0.00）	0.254				
关系持久			0.360＊＊＊ （0.00）	0.296		
互惠性					0.593＊＊＊ （0.00）	0.459
R^2	0.086		0.108		0230	
Adj（$-R^2$）	0.073		0.096		0.219	

注：＊＊＊表示$p<0.001$。

表4-7 关系嵌入对职业晋升的影响分析

变量	模型1		模型2		模型3	
性别	-0.029 (0.804)	-0.012	-0.056 (0.625)	-0.023	-0.042 (0.705)	-0.017
年龄	-0.053 (0.437)	-0.043	-0.071 (0.289)	-0.057	-0.123 (0.063)	-0.099
学历	-0.068 (0.281)	-0.052	-0.060 (0.337)	-0.045	-0.074 (0.220)	-0.057
工作年限	-0.084 (0.106)	-0.088	-0.080 (0.120)	-0.083	-0.074 (0.142)	-0.077
最高职务	-0.007 (0.643)	-0.022	-0.004 (0.777)	-0.013	-0.010 (0.503)	-0.031
交流频率	0.256*** (0.00)	0.198				
关系持久			0.332*** (0.00)	0.260		
互惠性					0.436*** (0.00)	0.320
R^2	0.063		0.091		0.125	
Adj($-R^2$)	0.050		0.078		0.113	

注：***表示$p<0.001$。

表4-8 关系嵌入对职业报酬的影响分析

变量	模型1		模型2		模型3	
性别	-0.168 (0.172)	-0.065	-0.184 (0.135)	-0.071	-0.164 (0.183)	-0.063
年龄	-0.146* (0.047)	-0.110	-0.160* (0.028)	-0.121	-0.184* (0.012)	-0.140
学历	-0.008 (0.909)	-0.005	-0.005 (0.946)	-0.003	-0.020 (0.767)	-0.014
工作年限	-0.044 (0.427)	-0.044	-0.041 (0.455)	-0.041	-0.040 (0.469)	-0.040

续表

变量	模型1		模型2		模型3	
最高职务	-0.015 (0.372)	-0.043	-0.013 (0.432)	-0.038	-0.017 (0.325)	-0.047
交流频率	0.188** (0.004)	0.138				
关系持久			0.218** (0.001)	0.162		
互惠性					0.187** (0.006)	0.130
R^2	0.073		0.056		0.047	
Adj($-R^2$)	0.060		0.043		0.034	

注：*表示 $p<0.05$，**表示 $p<0.01$。

以职业成长为因变量，引入结构嵌入作为自变量，结构嵌入对职业成长具有显著正相关（$\beta=0.267$，$p<0.001$）。结构嵌入各维度均对职业目标具有显著正相关，其中网络异质性影响系数最高（$\beta=0.294$，$p<0.001$）（见表4-9）。结构嵌入各维度均对职业能力具有显著正相关，其中网络异质性影响系数最高（$\beta=0.253$，$p<0.001$）（见表4-10）。结构嵌入各维度均对职业晋升具有显著正相关，其中网络异质性影响系数最高（$\beta=0.236$，$p<0.001$）（见表4-11）。结构嵌入各维度均对职业报酬具有显著正相关，其中网络中心性影响系数最高（$\beta=0.146$，$p<0.01$）（见表4-12）。

表4-9　结构嵌入对职业目标的影响分析

变量	模型1		模型2		模型3		模型4	
性别	0.088 (0.398)	0.040	0.086 (0.411)	0.039	0.176 (0.086)	0.079	0.132 (0.209)	0.059
年龄	0.070 (0.255)	0.062	0.107 (0.083)	0.095	0.057 (0.353)	0.050	0.128* (0.042)	0.114
学历	0.001 (0.991)	0.001	-0.012 (0.827)	-0.010	-0.002 (0.967)	-0.002	0.008 (0.890)	0.007

续表

变量	模型1		模型2		模型3		模型4	
工作年限	0.043 (0.364)	0.049	0.050 (0.287)	0.058	0.060 (0.196)	0.069	0.048 (0.312)	0.055
最高职务	0.003 (0.838)	0.010	0.007 (0.636)	0.022	0.001 (0.967)	0.002	0.008 (0.591)	0.026
网络中心性	0.260*** (0.00)	0.236						
网络规模			0.252*** (0.00)	0.226				
网络异质性					0.360*** (0.00)	0.294		
网络开放度							0.196*** (0.00)	0.174
R^2	0.073		0.069		0.103		0.048	
Adj($-R^2$)	0.060		0.056		0.091		0.035	

注：*表示$p<0.05$，***表示$p<0.001$。

表4-10 结构嵌入对职业能力的影响分析

变量	模型1		模型2		模型3		模型4	
性别	0.104 (0.351)	0.044	0.104 (0.349)	0.045	0.174 (0.109)	0.074	0.136 (0.221)	0.058
年龄	0.067 (0.308)	0.057	0.093 (0.155)	0.079	0.050 (0.442)	0.042	0.107 (0.109)	0.090
学历	0.011 (0.850)	0.009	0.001 (0.981)	0.001	0.012 (0.836)	0.010	0.014 (0.819)	0.011
工作年限	0.059 (0.235)	0.065	0.064 (0.198)	0.071	0.075 (0.127)	0.082	0.063 (0.211)	0.069
最高职务	0.017 (0.282)	0.052	0.019 (0.208)	0.061	0.014 (0.361)	0.043	0.020 (0.197)	0.063
网络中心性	0.191** (0.001)	0.165						

续表

变量	模型1		模型2		模型3		模型4	
网络规模			0.175** (0.002)	0.150				
网络异质性					0.325*** (0.00)	0.253		
网络开放度							0.126* (0.028)	0.107
R^2	0.050		0.045		0.085		0.034	
Adj($-R^2$)	0.036		0.032		0.073		0.020	

注：* 表示 $p<0.05$，** 表示 $p<0.01$，*** 表示 $p<0.001$。

表4-11 结构嵌入对职业晋升的影响分析

变量	模型1		模型2		模型3		模型4	
性别	-0.048 (0.678)	-0.019	-0.046 (0.694)	-0.019	0.038 (0.738)	0.016	-0.002 (0.987)	-0.001
年龄	-0.110 (0.106)	-0.088	-0.073 (0.287)	-0.058	-0.118 (0.083)	-0.095	-0.048 (0.106)	-0.039
学历	-0.075 (0.227)	-0.057	-0.090 (0.152)	-0.068	-0.082 (0.190)	-0.062	-0.066 (0.298)	-0.050
工作年限	-0.087 (0.092)	-0.091	-0.080 (0.092)	-0.084	-0.072 (0.165)	-0.075	-0.081 (0.121)	-0.085
最高职务	-0.012 (0.459)	-0.035	-0.008 (0.626)	-0.023	-0.013 (0.400)	-0.040	-0.007 (0.682)	-0.020
网络中心性	0.272*** (0.00)	0.223						
网络规模			0.243*** (0.00)	0.197				
网络异质性					0.320*** (0.00)	0.236		
网络开放度							0.214* (0.028)	0.172
R^2	0.034		0.063		0.079		0.053	
Adj($-R^2$)	0.020		0.050		0.066		0.040	

注：* 表示 $p<0.05$，*** 表示 $p<0.001$。

表4-12 结构嵌入对职业报酬的影响分析

变量	模型1		模型2		模型3		模型4	
性别	-0.180 (0.144)	-0.069	-0.171 (0.169)	-0.066	-0.134 (0.169)	-0.052	-0.149 (0.224)	-0.057
年龄	-0.186* (0.011)	-0.141	-0.162* (0.027)	-0.123	-0.177* (0.017)	-0.134	-0.138 (0.060)	-0.105
学历	-0.014 (0.832)	-0.010	-0.026 (0.703)	-0.018	-0.025 (0.706)	-0.018	-0.003 (0.964)	-0.002
工作年限	-0.046 (0.404)	-0.046	-0.042 (0.449)	-0.042	-0.041 (0.460)	-0.041	-0.041 (0.456)	-0.041
最高职务	-0.018 (0.283)	-0.051	-0.016 (0.361)	-0.044	-0.017 (0.312)	-0.049	-0.015 (0.398)	-0.041
网络中心性	0.188** (0.002)	0.146						
网络规模			0.129* (0.038)	0.099				
网络异质性					0.107* (0.017)	0.064		
网络开放度							0.179** (0.005)	0.137
R^2	0.051		0.040		0.034		0.048	
Adj($-R^2$)	0.038		0.027		0.021		0.035	

注:*表示$p<0.05$,**表示$p<0.01$。

(四) 中介效应与调节效应

Baron 和 Kenny 提出三步法来检验中介作用。关系嵌入对职业成长 ($\beta=0.246$, $p<0.001$) 的回归系数显著,且主效应仍显著但显著性降低 ($\beta=0.303$, $p<0.001$),即组织认同起到部分中介作用 (见表4-13)。结构嵌入对职业成长 ($\beta=0.313$, $p<0.001$) 的回归系数显著,且主效应仍显著但显著性降低 ($\beta=0.185$, $p<0.001$),即组织认同起到部分中介作用 (见表4-14)。本研究涉及间接效应

的检验,有不少学者提出,将自变量显著影响因变量(第一步)作为间接效应的检验前提并不明智,这会增加犯二类错误(Type Ⅱ error)的风险。也就是说,第一步不是必需的,第二步和第三步才是检验间接效应的关键。本研究采用参数 bootstrap 方法检验上述间接效应的显著性。研究将重抽样(replications)的次数设置为 5000 次,结果显示,以职业成长为因变量,结构嵌入和关系嵌入分别作为自变量,直接效应的置信区间(CI)分别为 [0.1153, 0.3356] 和 [0.2548, 0.4838],不包含 0,说明直接效应路径显著,间接效应的置信区间分别为 [0.0577, 0.1574] 和 [0.0662, 0.1807],不包含 0,说明间接效应路径显著,即组织认同的部分中介作用成立(见表 4-15)。

表 4-13 组织认同对关系嵌入与职业成长的中介效应

变量	模型 1		模型 2		模型 3	
性别	0.039 (0.676)	0.020	-0.027 (0.757)	-0.014	-0.046 (0.585)	-0.024
年龄	-0.011 (0.845)	-0.011	-0.002 (0.965)	-0.002	-0.023 (0.648)	-0.023
学历	-0.043 (0.394)	-0.042	0.005 (0.909)	0.005	0.000 (0.995)	0.000
工作年限	-0.002 (0.955)	-0.003	0.006 (0.877)	0.008	0.006 (0.879)	0.008
最高职务	0.000 (0.988)	0.001	0.002 (0.847)	0.009	0.004 (0.709)	0.016
关系嵌入			0.487*** (0.00)	0.387	0.371*** (0.00)	0.303
组织认同					0.254*** (0.00)	0.246
R^2	0.002		0.157		0.208	
Adj ($-R^2$)	-0.009		0.145		0.195	

注:*** 表示 $p<0.001$。

表 4-14 组织认同对结构嵌入与职业成长的中介效应

变量	模型1		模型2		模型3	
性别	0.039 (0.676)	0.020	0.014 (0.88)	0.091	-0.023 (0.793)	-0.012
年龄	-0.011 (0.845)	-0.011	-0.010 (0.859)	-0.010	-0.033 (0.514)	-0.034
学历	-0.043 (0.394)	-0.042	-0.017 (0.729)	-0.017	-0.018 (0.707)	-0.017
工作年限	-0.002 (0.955)	-0.003	0.005 (0.898)	0.007	0.005 (0.897)	0.007
最高职务	0.000 (0.988)	0.001	-0.001 (0.954)	-0.003	0.003 (0.817)	0.010
结构嵌入			0.325*** (0.00)	0.267	0.225*** (0.00)	0.185
组织认同					0.323*** (0.00)	0.313
R^2	0.002		0.072		0.162	
Adj($-R^2$)	-0.009		0.059		0.149	

注：*** 表示 $p<0.001$。

表 4-15 中介效应检验的 bootstrap 分析

路径	95%置信区间下限	95%置信区间上限
直接效应（结构嵌入→职业成长）	0.1153	0.3356
间接效应（结构嵌入→组织认同→职业成长）	0.0577	0.1574
直接效应（关系嵌入→职业成长）	0.2548	0.4838
间接效应（关系嵌入→组织认同→职业成长）	0.0662	0.1807

注：1. 采用 bootstrap 的方法进行中介效应分析时，样本的重置次数为 5000 次。
2. 采用偏差校正法（bias corrected）来进行中介效应置信区间估计的结果。

处于转型背景下的社会组织专业人才生长，组织吸引力是否发挥调节作用有待于实证检验。社会组织由于其非营利性，组织吸引力相关借鉴文献较少。因此，本研究采取全调节效应模型验证是否存在调节作用。在传统逐步法的基础上进一步采用 bootstrap 法检验调节效应，通过对假设变量和交互项作用检验，并不存在有中介的调节作用模型。以职业成长为因变量，分别以关系嵌入、结构嵌入为自变量，检验组织吸引力变量的调节效应。如图 4-1 所示，高水平组织吸引力的工作价值可增进自变量关系嵌入对因变量职业成长的影响，而低水平组织吸引力的工作价值在调节自变量关系嵌入对因变量职业成长的影响中作用并不显著。说明在高水平下，组织吸引力的工作价值对关系嵌入自变量和职业成长因变量之间的关系起显著的正向调节作用。

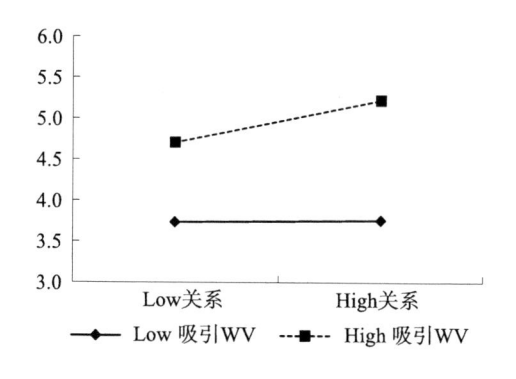

图 4-1 调节效应检验

综上所述，社会组织关系嵌入和结构嵌入确实对人才职业成长有影响。社会组织与政府关系持久性、交流频率和互惠性显著影响人才职业成长。社会组织与政府、社会公众和其他社会组织的网络中心性、网络规模、网络异质性以及网络开放度也显著影响人才职业成长。人才对社会组织本体的组织认同感起到部分中介作用，工作价值正向调节了社会组织关系嵌入对人才职业成长的影响。归纳起来，研究假设验证情况汇总见表 4-16。

表 4-16 研究假设验证情况汇总

研究假设	验证结果
假设 1：社会组织关系嵌入对人才职业成长有显著正向影响	成立
假设 1a：关系嵌入对职业目标有显著正向影响	成立
假设 1b：关系嵌入对职业能力有显著正向影响	成立
假设 1c：关系嵌入对职业晋升有显著正向影响	成立
假设 1d：关系嵌入对职业报酬有显著正向影响	成立
假设 2：社会组织结构嵌入对人才职业成长有显著正向影响	成立
假设 2a：结构嵌入对职业目标有显著正向影响	成立
假设 2b：结构嵌入对职业能力有显著正向影响	成立
假设 2c：结构嵌入对职业晋升有显著正向影响	成立
假设 2d：结构嵌入对职业报酬有显著正向影响	成立
假设 3：组织吸引力调节了关系嵌入对职业成长的正向影响	成立
假设 4：组织吸引力调节了结构嵌入对职业成长的正向影响	不成立
假设 5：组织认同在关系嵌入与职业成长之间起中介作用	成立
假设 6：组织认同在结构嵌入与职业成长之间起中介作用	成立

四、本章小结

本章选择北京地区的社团、基金会和社会服务机构，具有一定的岗位级别并领取固定薪金报酬的专职人才代表作为调查对象。通过量表修订、变量测量、问卷预发放、正式发放和数据筛选，对理论假设进行了实证检验。结果显示，关系嵌入各维度对职业成长有显著的正向影响。互惠性对职业目标、职业能力和职业晋升影响较大，关系持久对职业报酬影响较大。结构嵌入各维度对职业成长有显著正向影响。网络异质性对职业目标、职业能力和职业晋升影响较大，网络中心性对职业报酬影响较大。组织认同在关系嵌入与职业成长、结构嵌入与职业成长之间存在部分中介作用。组织吸引力全调节模型效应显示，工作价值正向调节关系嵌入与职业成长。研究结果证明，关系嵌入和结构嵌入均对社会组织专业人才生长产生了显著影响。关系持久、交流频率和互惠性都对职业成长产生了直接影响。其中，社会组织与政府等主体的关系互惠性是一个需要重视的因素，关系持久度则关系到专业人才的薪酬待遇问题。社会组织网络中心性、网络规模、网络异质性和网络开放度对人才职业成长也产生了直接的积极影响。其中，网络异质性的影响更大，但在职业报酬方面要提升社会组织行动资源的网络中心性。从组织吸引力角度来看，提升基于专业化的工作价值有助于关系嵌入对职业成长产生显著影响。不仅关系嵌入和结构嵌入可以对职业成长产生积极影响，经由组织认同的中介作用也会对职业成长间接产生积极影响。实证结果为社会组织专业人才生长机制及其今后的培育方向提供了管理实践的思考。

第五章

总结与讨论

本章主要概括本研究的研究结论，提炼核心观点并指出政府购买服务背景下社会组织专业人才生长机制的主要矛盾、变化特点与作用规律，对一些相关问题进行进一步探讨。

一、总结

为了清晰界定研究对象，本研究提出的社会组织专业人才是指："在社会组织的特定岗位上专职工作，具有一定知识、经验和技能，能够获取相应报酬的人才。"主要包括决策领导人才、执行管理人才和社会工作服务人才，不含兼职人员、劳务派遣人员、返聘的离退休人员与志愿者等。

近年来，社会组织专业人才发展的困难虽然被关注却较少有学者对其进行系统研究。《中国民间组织报告（2014）》《中国公益人才发展现状及其需求调研报告》与《能力建设与社会组织发展报告》中同时指出，社会组织专业人才资源极度匮乏。451份调查样本中拥有21人以上的全职员工仅有11.3%，北京市科技类社会组织拥有5人以下专职人员的占78%，平均每个社会组织拥有4.4人。与其他公共主体不同的是，目前社会组织人才生长问题受到多重内外部条件的共同作用。

政府购买服务背景下的社会组织专业人才生长，着重要考虑的是社会组织专业人才从哪里"生成"、怎样"成长"以及今后如何"培育"。理解中国情境的政府购买服务，本质上是理解国家与社会关系的走向，它受到政府、社会组织、事业单位等社会力量互动的影响。社会组织有效承接政府购买服务本应引起国家与社会关系的深层变化，相继引致社会组织本体变化。政府与社会组织的互动策略，取决于双方资源较量或综合制度环境的结果。社会组织专业人才面临的这种制度环境形塑了人才"组织化"生长进程，从而构成当前社会组织专业人才培育的基本路径。

无论是社会团体、基金会还是民办非企业单位，完成从中国传统单位制向共同体性质的转变，既有来自政社关系调整的作用，又有购买服务兴起的催化效应以及第三部门自身的功能定位。因此，讨论社会组织人才生长不能仅从招募配置、薪酬激励、培训开发或者职业生涯等方面来单独探讨，需要将其置于具体的治理情境中，结合社会组织由传统行政依附型向公益事业型转变的演化规律，具体剖析社会组织专业人才生长的综合作用机制及培育路径。研究的主要结论如下：

第一，在中国经济社会体制渐进性改革的转型时期，制度环境的变化与社会组织变迁正在互相适应。随着国家与社会关系有张有弛，如果现有制度环境与组织发展契合，那么对社会组织演化就有正向作用；如果制度环境与组织发展不适应，那么将导致社会组织的逆向选择。政府、社会组织、事业单位各利益主体在公共服务供给格局中的竞争较量，构成了制度环境分层自主的"牵制力"。社会公众多样化需求、购买服务社会组织与社会组织之间的合作网络，构成了制度环境动态协调的"黏合力"。正是在这种错综复杂的博弈过程中，相对较量的力量和关系也在不断调整，进而影响了中国社会组织的发展逻辑。

政府向社会组织购买服务的本质是国家与社会关系再调整，政府开始摒弃"总体性社会"中"全能政府"的形象，考虑将社会组织接纳为推动国家与社会关系变化的重要力量，为重塑国家和社会的关系框架提供了可能。事实上，转型社会力量特别是公益二类事业单位购买服务，由行政主管部门将财政拨款改为合同化管理，推进事业单位财政经费和人事体制改革，减少直接委托，变为竞争购买，从根本上加剧了政府、社会组织与事业单位横向关系的模糊性。公共服务环境压力和购买服务制度扩散的事实使得社会组织必须考虑自身成长，至少要成为比政府原来提供服务更为"有效"的一种力量。这就导致两种重要后果：一种是由于路径依赖的惯性作用，社会组织试图保持原有公共服务组织形态与方向；另一种是由于资源自主的创新作用，社会组织试图寻求关系边界的突破与行动空间的拓展，以适应制度环境中的变化因素。由于服务技术、组织多样与劳动分工的必然，社会组织对现存制度环境选择的是"适度融入"。它不同于过去单纯讨论权力与资源、治理与分层等因素，而是公共服务市场化和社会化改革相伴而生的，本研究称之为社会组织的"适度嵌入"。

构建"适度嵌入"的整体性解释分析框架，是为了挖掘社会组织专业人才生长环境"关系与结构"的基本特征。这与购买服务的互动性、服务网络中社会力量抗衡、技能接受度和专业化服务水平有着千丝万缕的联系。现实中，典型表现为政府主导的庇护关系、社会组织选择的代理关系与契约规制的合作关系。这是国家有意对社会组织吸纳，但可能对其发展重心表现出不同层次的侧重，尤其值得注意的是，政社嵌入的阶段性波动使得专业人才生长环境兼具稳定性与变革性。

第二，把握社会组织专业人才发展水平，有利于客观了解社会组织专业人才资源分布、结构、水平的变化趋势。从社会组织总量、人均拥有状况、从业人员总量、学历水平和专业技术资格水平五个层面构建评价指标，总体评估社会组织专业人才发展进程。其中既有总量指数，又有结构指数和质量指数。

对比分析后发现，2009—2017年全国社会组织总量不断上升，年增长率在2014年达到了历史新高。2015年的增长率有所下滑，但近10年来社会组织数量持续增多。东部地区的江苏省和广东省社会组织年平均增长率较高。这反映了中国社会组织整体数量已达到一定规模，接下来需要考虑社会组织服务质量是否能与其数量相匹配的问题。从社会组织人均拥有状况的变化规律推知，中国万人社会组织数量逐年升高，增长趋势同各年份社会组织绝对值增长率保持基本一致。全国范围内各省份的万人社会组织数量随着年份的增加而逐年上升。通过横向比较不难看出，较为发达的东部沿海地区各省份之间的内部差异较大；中部地区的万人社会组织数量偏少；与此同时，各省份之间的内部差异也相应较小；西部地区万人社会组织数量不多，但各省份之间的内部差异较大。

社会组织主体数量与人均拥有量变化情况反映的是社会组织发展的总体态势，而社会组织吸纳就业能力的高低是社会组织专业人才能否进入组织的重要参考。中国社会组织从业人员数量在2012年前后出现拐点。社会组织从业人员绝对数量自该年后逐年递增，从业人员相对年增长率出现"升、降、升"的发展趋势。特别指出的是，2017年社会组织从业人员的年增长率创近10年来新高。但是，中国各省份之间社会组织从业人员年增长率差异较大，其中广东省、江苏省、四川省、山东省和浙江省为社会组织从业人员大省，这就部分解释了上述地区的社会组织专业人才相对活跃的原因。

从社会组织从业人员占城镇就业人数比重的变化情况来看，2009—2017 年呈现先降后升的趋势，浮动区间为 3.5%~5.0%。

从社会组织从业人员占第三产业人数比重的变化情况来看，2009—2017 年整体呈现升中有降的趋势，基本保持在 2%。社会组织占第三产业比重呈上升趋势，反映了社会组织在第三产业的发展中就业吸纳能力越来越强。

社会组织从业人员的学历水平整体大幅提升，东、中、西部地区之间的差异较大，学历教育层次分布不均衡。2017 年社会组织中拥有大学本科及以上学历的人数达到了 135.3 万人，占整个社会组织从业人员的 15.65%。东部的社会组织学历层次较高，尤其是北京、天津，大学本科及以上学历占社会组织从业人员的比重同年远远超出一般水平，达到了 45% 左右。

从社会组织人才的专业资格技术水平发展来看，社会工作师占社会组织人才的比重随着年份的增加而越来越大，助理社会工作师占社会组织人才的比重相对偏小，这说明社会组织人才的专业技能水平在不断提高，人才结构在不断优化。东、中、西部地区横向比较，特大城市与大中型城市是社会组织人才聚集之地。北京、上海、广东和江苏聚集了相当数量的社会工作师与助理社会工作师。中部地区各个省份每百万人社会工作师数量和每百万人助理社会工作师数量大致逐年增长，不同省份之间差异相对较小。西部地区各省份的每百万人社会工作师数量和每百万人助理社会工作师数量也基本逐年增长，但不同省份之间差异相对较大。

全国 30 个省份社会组织专业人才发展状况，是研究对象总体范围与相对规模、增长速度与分布水平、发展趋势与变化规律的客观描述。社会组织数量规模、人均拥有量、城镇就业与第三产业劳动力结构、专业技能社会服务的变化规律指出，社会组织专业人才与其所从属的经济社会环境和组织本体发展具有高度依存性。

第三，推进国家治理体系和治理能力现代化的一项重要制度安排就是政府购买服务。社会组织发展壮大的最终目的是与政府达成有效多元治理，社会组织有效承接购买服务需求的重要条件是专业化。社会组织专业人才生长及培育过程可以被理解为合作治理导向中的组织建设策略。总体而言，社会组织专业人才生长的环境条件包括社会组织成为治理主体的社会条件、社会组织发挥治理功能的制度条件、社会组织实现治理绩效的能力条件。社会组织人才生长不仅受各种社会力量承接服务的干预作用，更受中央与地方治理制度环境的分化制约。

就政府与社会组织合作关系而言，"合作伙伴"模式使得社会组织有决策自主权从而发展专业化，大致分为"意向性合作"与"实质性合作"阶段。政府主要考虑社会组织是否具备相应资格与服务水平。政策信号表明，实质性合作关系从强调"社会组织发展主动权"向强调"社会组织专业优势"转变。

就社会组织发展的主体导向与功能导向而言，宏观政策体系关注的是社会组织主体独立性引致的专业化发展，地方具体政策强调的是合作治理目标共同决定的专业化优势。中央强调的组织独立性是孕育在中国服务型政府体制构建和民主化改革进程中的。通过深化向社会组织购买公共服务改革、增强适应政府职能转变要求的独立性特征，特别是中央多次清理整顿党政领导干部兼任社会组织领导的问题，这些政策体系从客观上促进了社会组织专业人才生长。国家强化社会组织党建，引导社会组织主体发展并完善国家政权建设，进一步督促社会组织转型，推进社会组织能级发展的社会化发展，全面部署社会组织专业服务水平与人才队伍建设相匹配。

与宏观政策体系构成的制度环境相比，地方政府强调社会组织在合作治理中的功能导向。社会组织的经济社会功能与地方政府的治理目标相关联，地方政府通过创新治理手段帮助社会组织发挥好该功能，追求共同的治理绩效。合作治理使得部分社会组织快速迈入专业化发展阶段，但社会组织发展不充分、不均衡问题并非得到根本性解决，仍存在组织合法性与社会合理性的制度困扰。长期具备治理优势的社会组织快速发展了专业化，这种专业化又带来多元服务供给的中心性，而那些弱小的社会组织却相机抉择，避免在具有某种治理偏好的格局中被边缘化。

第四，现有制度环境是政府主导的治理目标并引导政社合作关系变革的一种方式。社会组织专业人才生长受宏观制度环境"适度嵌入"的影响，不仅面临传统组织对人才资源引、用、育、留的难题，更是在与外部主体"关系"和与自身行动"结构"挣扎中步履蹒跚。中国社会组织专业人才生长，面临的是一种组织化的复杂建构，亦即人才"组织化"的形塑生长过程。

社会组织虽是非营利性的，但是人才个体需求却是主观的。人才从组织外进入组织内，对组织价值性和组织社会性反复权衡，形成自己认同的个人与组织的关系类属，本研究称之为"关系形塑"。现实中是职业关系剥离组织关系、交易关系取代承诺关系的复杂图景。

社会组织个体关系与组织关系是典型的"双向选择"。一方面，社会组织总在淘汰低绩效和缺乏适应能力的人；另一方面，社会组织的人才也在寻找更能满足自身发展需求的部门和组织。关系边界模糊的社会组织，处于组织变动发展的不稳定期，需要复合型的人才。人才技能迁移的边界不断拓展，人才自身专业化程度在不断提升，社会组织人才个体职业关系超越了普遍意义。

"职业关系"与"组织关系"的剥离进程使得个人与组织之间的

交换并非是传统意义的预期、付出与回报。"承诺关系"开始转变为"交易关系"，社会组织相应关心的是如何提高人才与组织的短期适配性。随着购买服务项目治理的推进，社会组织受到财政资金、项目审批等因素的影响，基于组织与人才之间期限更短、交易性质更为突出的关系模式正在形成。传统个体和组织之间的劳动契约、心理契约变为个人内在驱动的契约。个人在组织中的生长发育不再依赖于组织发展和进步，而是取决于目标效用激励下的以个人意志为主的职业成长。"交易关系"而非"承诺关系"的人才带有个人偏好来选择职业。

社会组织专业人才的价值发挥，既有来自政府原有部门的传统人事管理认知，又有来自市场化力量的人才价值定位。本研究称之为"价值形塑"，并将其归纳为人才资本价值超出人事管理价值、职业成长价值不等同于组织事业价值。

社会组织专业人才资本"稀缺性""外部性""流动性"三种价值与日俱增。社会组织对人才资本价值的诉求，已远超出传统人事管理价值范畴。加之相当多的社会组织事业价值不是很清晰，甚至是一种游离状态。特别是社会组织安置了大量被政府机关分流的公职人员，这种脱胎于体制内的组织事业价值其实与政府机关并无本质区别，这使得社会组织事本主义宗旨不够清晰。社会组织个人领导召唤代替组织事业价值，也是极其浮动、不易控制的价值形塑。过去以岗位为基础的组织设计使得人才往往集中为组织效力，但社会组织专业人才往往突破组织限制，为寻求更好的职业发展而在不同组织间进行流动。

关系维度与价值维度构成了社会组织人才"组织化"生长的形塑力量，这两种力量具体在职业关系与组织关系、交易关系与承诺关系、成长价值与事业价值、资本价值与管理价值之间产生碰撞。饱受诟病的社会组织吸引人才难、留职意愿低、离职倾向强等问题，归根结底是组织边界发生了改变，传统的劳动雇佣关系遭遇了挑战。

但不可否认，社会组织的专业化正在一步步成长壮大。基于互补的社会组织与政府、基于协作的社会组织与社会组织专业化服务，组织发展的特定领域和功能优势以及职业成长的技术能级协作等结构性调整因素，使得社会组织不仅吸纳有利于其专业化发展的技能型人才，还吸纳一批管理经验丰富、资源汲取能力强、社会感召力大的高级领导管理人才及其团队成员，是一种长期可持续的人才"组织化"互动生长进程。

以"关系—结构"作为主要分析框架，本研究探索了社会组织专业人才生长的系统作用机制。综合"边缘—核心"的博弈影响，以关系嵌入和结构嵌入为切入点，对社会组织专业人才生长采取纵向与横向的匹配，提炼了社会组织专业人才生长差异性构型及其演化特征。虽然现实可分为人才"组织化"生长的若干"场景"，但实际上存在"组织-人才双元聚焦型""组织聚焦-人才追随型""组织松散-人才领率型""组织-人才双元松散型"四种专业人才生长状态。其中，"组织-人才双元聚焦型"被认为是理想模式。社会组织专业人才的"组织化"生长过程，看似是一种人才从组织外到组织内的生成和成长，实质是关系与结构双重嵌入、边缘和核心双重作用的交织进程。

第五，为了清晰辨识关系嵌入、结构嵌入对社会组织专业人才职业成长究竟影响到何种程度，本研究提出了关系嵌入、结构嵌入、组织认同、组织吸引力与职业成长的基本假设。采用问卷调查法，抽样选取北京地区人才代表进行实证检验。调查样本来自北京东城、西城、石景山、朝阳、海淀、昌平、顺义、延庆区域，随机抽取社团、基金会、社会服务机构（民办非企业单位）、枢纽型社会组织的法人、理事长、会长、副会长、院长、副院长、项目总监、项目主管、项目经理、总干事、联合创始人、发起人、秘书长和副秘书长等社会组织从业人才。经过117份问卷预测试后，量表修正了3个测量条目。经过数据筛选，最终确定441名社会组织专业人才样本，有效率为81.22%。问卷信度Cronbach's α系数均在0.85以上，验证性因子CFI、TLI、IFI值均大于0.9，五因子模型显示对数据的拟合效果较好。

在控制人口统计学变量之后，关系嵌入对职业成长具有显著正相关。关系嵌入各维度均对职业目标、职业能力、职业晋升具有显著正相关，值得注意的是，互惠性影响系数最高。关系嵌入各维度均对职业报酬具有显著正相关，但关系持久影响系数最高。结构嵌入对职业成长具有显著正相关。结构嵌入各维度均对职业目标、职业能力、职业晋升具有显著正相关，网络异质性影响系数最高。结构嵌入各维度均对职业报酬具有显著正相关，但网络中心性影响系数最高。

通过验证中介效应后发现，组织认同在关系嵌入与职业成长、结构嵌入与职业成长之间均起到部分中介作用。之前未有研究明确提出组织吸引力是如何调节职业成长的，研究采取全调节分析模型验证是否存在调节效应。在传统逐步法的基础上通过对假设变量和交互项作用检验，不存在有中介的调节作用模型。只是在高水平下，组织吸引力的工作价值对关系嵌入自变量和职业成长因变量之间的关系确实起到显著的正向调节作用。

从管理实践层面来理解，关系交流频率、互惠型和关系持久确实影响着社会组织专业人才的职业成长。各行动主体平等地就共同事务达成的资源交换、行为分工、协作共享与知识交流的互惠性，影响着专业人才职业目标、职业能力与职业晋升。社会组织与同行分享信息和未来发展计划，与政府达成深度合作契约，与公众服务对象沟通交流，改善对社会公共问题的认识，这种关系持久度则影响了专业人才的职业报酬。

网络规模、网络中心性、网络异质性、网络开放度也影响着社会组织专业人才的职业成长。社会组织除了组织本体之外的网络结构的丰富性和治理多样性，以及提供服务的对象范围更广、活动业务领域、专职从业人才、资金来源总量上的较大差异等影响的是专业人才职业目标、职业能力和职业晋升。社会组织行动网络的自主性、在政府部门中具备影响力，又或者能够成为其余社会组织沟通桥梁影响着专业人才的职业报酬。

提升人才的组织认同感是十分必要的，当人才感知自我概念与组织身份联系紧密时，就会将自己与组织看成是互为一体的。与此同时，高水平的支持性工作成就感、持赞赏态度的工作肯定、融洽的上下级领导关系、对工作岗位的兴趣都使得人才感觉到社会组织是为之付出的。这种组织的吸引力在社会组织与外部主体关系处于良好状态时，对社会组织专业人才职业成长起到了积极作用。

二、讨论

社会组织专业人才生长应是内外部诸因素相互作用的结果。结合内外部条件分析人才生长所必需的土壤，按照环境造才、个体成才与群体聚才三重维度，可讨论社会组织专业人才生长的组织吸纳、个体发育与群体集聚问题。组织吸纳反映的是创造性劳动实践场所吸纳劳动力的变化规律。组织规模、地位和发展机遇等都是社会组织能够有效吸纳人才的衡量标准。社会组织吸纳力由弱到强，同时也表明具备一定才能的专业人才从潜在期、生成期到成熟期的过程。不可否认的是，具备一定规模、自主性和竞争力强的社会组织对人才促成具有强烈的推动作用。人才个体发育考察在既定条件下专业人才作为个体存在而进行的成长培育过程，是人才主体为从事某一工作采取的自我开发。它既包括自己有意识地进行积极学习，也包括组织提供的培训，还可能表现在由竞争导致的发挥、积累和创造性优势，人才个体发育的好坏影响到人才群体集聚的强弱。人才群体集聚是专业人才个体资源发育到一定程度后，因某些个体具有超越其他人的特殊才干，能够吸引许多人才围绕同一个发展目标与愿景，集聚起来共同发挥作用，并且表现为人才集聚后产生的凝聚效应和互补优化。根据社会组织当前所处的转型阶段，组织吸纳机制是人才生长的前提，由个体发育机制衍生而来的群体集聚机制是人才生长从"量变"到"质变"的发展过程。

（一）组织吸纳

社会组织规模的发展和竞争力的提升，是组织吸纳机制的核心内容。竞争力提升的前提是社会组织规模的发展。但这种发展绝不是简单的、数量上的直线扩张，而是政府和社会组织保持合作关系、政府权力格局调整后社会组织生存空间的立体扩容。数量增长与服务多样化是同步的。截至2014年年末，从整个广东的实际情况来看，社会组织数量五年间增长了67.24%，远远超过全国36%的增长率。❶深圳共有社会组织8241家，按照每万人拥有社会组织数量的指标来看，全国城区人口超过1000万的超大城市，深圳以每万人7.65个社会组织排名第一。❷ 其中，经济类和慈善类社会组织增长较快，同比增长分别达到30.5%和25%。社会事业类占比达57.7%，超过了其

---

❶ 根据2015年中国民政统计年鉴和2011年中国民政统计年鉴数据计算得出。
❷ 根据调研材料2014年年末深圳社会组织登记数量与深圳市统计局发布的2014年年末常住人口数的指标合并计算得出。

他类型的社会组织。数据表明，深圳社会组织数量持续增加，新增的经济类和慈善类以及占优势的社会事业类社会组织，可在不同服务领域发挥作用，差异化定位带来灵活性治理优势。

社会组织竞争力的提升还与充分的竞争格局、严格的社会组织自我管理和良性的竞争秩序相关。首先，社会组织对参与治理普遍积极，新社会组织主体希望适时加入治理体系。2014年年末，深圳直接登记社会组织的数量达到1602家，占全市社会组织总数的19.44%。新成立的市级社会组织直接登记率为84.46%。登记制度改革和登记流程优化，降低了登记门槛和审批条件，帮助新社会组织快速进入公共事务的治理空间，形成了新老社会组织并存竞争的局面；其次，政府、社会和公众的有效监管是督促社会组织强化自我管理的重要途径。深圳率先构建了政府行政监管、社会公众监督、社会组织自律、党组织保障的综合监管体系，确立了抽检监督制度。2014年，政府随机抽查41家市级社会组织，督促34家社会组织在内部治理结构、财务管理、登记事项变更等方面进行整改。依法查处124家社会组织的违法违规行为，对31家社会组织给予撤销登记的行政处罚，对91家社会组织给予责令改正的处理；最后，政府规范职能转移的边界，克服单一主体功能失灵，构建良性竞争秩序促使先进社会组织扩大吸纳人才的效应。深圳行业协会早在2004年就与原业务主管单位脱离了行政依附关系，涉足高新技术、金融、物流、互联网、新能源、生物等战略性新兴产业。2014年，深圳有6家行业协会被授予"全国先进社会组织"称号，13家被评为5A级社会组织。行业协会净资产已达到4.3亿元，会费收入2.5亿元，直接从业人才2500多人。

（二）个体发育

当组织吸纳开始发挥作用时，社会组织正经历着量质齐升的过程。社会组织做大做强需要专业人才支撑，相应地，具有较大实力的社会组织也吸引着专业人才前来投身，实现自我追求。受到双向互动的作用，社会组织人才个体发育开始形成。其中重要原因是政府自上而下的强力推动与社会自下而上的变革创新不谋而合。个体发育实质上是政社关系解构中组织支持个体发育和竞争催化个体发育。

众所周知，政府和社会都有强烈意愿让社会组织成为重要的治理主体，承担起满足社会需求的公共责任。购买服务制度化中"费随事转"原则以及社会组织"事本主义"的宗旨，促使社会组织将专业人才发育提上重要日程。与国外社会组织的经费主要来源于收费收入明显不同的是，中国社会组织更希望得到的是政府财政资金与政策允许的社会资本的结合，继而诞生了由政策、资金和平台共同作用于人才个体的组织支持机制。人才个体获取的教育机会、培训投资甚至职业发展路径都在这个机制中去实现。2015年1月，深圳市慈善会成为"社区基金会"的监管单位，启动了"深圳市社区基金会系列培训"，全国首创的13家社区基金会理事长、秘书长以及各区牵头单位、市慈善会冠名基金等代表共50多人参加培训。同年5月，由深圳社会组织总会举办的"中央财政支持社会组织参与社会服务项目深圳培训班"开班，为提高财政资金的使用效率和项目管理效能，各社会组织管理局项目联系人、各立项单位主要负责人、社会组织和社会服务项目等主要负责人参加培训。同时，深圳"社会工作学院"由深圳市社会工作者协会、深圳市慈善会和市创新企业社会责任促进中心三家单位联合举办，共同注入资金、人才、师资和品牌等优势资源，着力打造专业人才发育、公益项目和公益金融的整合平台。

当一定数量的社会组织在同类公共服务领域中增多时，竞争催化人才发育的作用开始显现。一方面，具备较强竞争优势、专业人才发育相对健全的社会组织更容易获取来自政府的优质资源。例如，2015年《关于深圳市级社会组织申报第三批具备承接政府职能转移和购买服务资质的通知》中指出："申报对象中已获得评估5A等级的社会组织直接进入目录，无须申报"，"申报条件中的必要条件是有符合要求的固定办公场所及合法稳定的收入来源，行业协会商会要求有3名以上专职工作人员，其他类别社会组织要求有2名以上专职工作人员"。上述表述意味着仅从服务资质竞争的角度来讲，没有专业人才的社会组织已经没有资格再参与承接购买服务。另一方面，在联合行动模式中，实力强的社会组织常常成为抢手的合作伙伴，"强强联合"提供公共服务不失为一种快速发展专业化的选择。在拓展合作空间后，一些社会组织开始寻求商业化管理方式引入投资运作，逐步向社会企业转型，建立起政府、社会和企业的跨界活动领域。比起向公众筹款的不稳定性，比起向政府和基金会申请资助，以项目为依托，对行政经费和人员经费有明确要求的限制性，通过创投运营的收入可以用于支持人才资本投入和组织长远发展。例如，依托"中国慈展会"的公益慈善资源对接平台，国内第一个《中国慈展会社会企业认证办法（试行）》在深圳出台。认证对象主要面向"促进就业、扶持特殊群体或解决其他特定社会问题"的企业或社会组织。深圳市残友集团控股股份有限公司、深圳市信息无障碍研究会成为首批获得社会企业认证的组织，可享受公益合伙人计划的资金支持，建立专业导师工作机制。符合联合国社会企业发展基金使用规定的，可以申请不低于100万美元的资助。[1] 竞争性资源配置和市场运作将进一步催化社会组织人才个体发育的速度和规模，使得人才个体不仅从自身角度去主动学习和创新，还能从竞争优势中得到发育的机

---

[1] 7家机构获全国首批社会企业认证，成为国内首批获"民间执照"社会企业［N］.深圳特区报，2015－09－22.

会和空间。

(三) 群体集聚

人才群体集聚是指通过社会组织高端人才的引领，由众多优秀人才主体发挥聚合效应。让真正有实力的高端人才担任社会组织的主要领导，以民主型领导方式、法定职权和自身权威对其他人才产生带动作用。实现群体集聚机制还需要有一定基础：首先，区域内的社会组织具有明显优势，比政府和市场提供服务更具有社会价值回归和公共服务高效的双重特性，得到社会公众的认可；其次，多元主体从地区社会需要出发，根据实际的经济发展条件，不是盲目扩大社会公共事务治理范畴，而是定位好"必须发展"和"优先发展"的服务领域。少数几个社会组织不足以产生大范围的社会影响，则构建社会组织战略集群吸引越来越多的人才加入，知识智能和物质资本的结合使得人才进入之后不容易出现外流现象；最后，党委和政府共同发挥主导作用，在宏观监管、政策扶持、协商共治和服务保障方面扮演重要角色，从培育和鼓励人才群策群力的环境要素和制度要素入手，促进人才群体集聚的良性循环。2014年年末，深圳第三产业占GDP的比重持续提升，现代服务业和金融业增加值分别增长10.5%和13.8%。六大战略性新兴产业，即文化创意、互联网、新一代信息技术、新材料、新能源和生物产业，增加值同比增长14.1%，拉动经济的作用明显。以华为、腾讯和中兴为代表的创新型企业使得深圳R&D占GDP比重达4%，电子商务交易总额也比上年同期增长50%。[1]在行业发展成效和产业结构优化特征的基础上，深圳重点发展行业协会商会类社会组织联盟，筹备并推进了中国（深圳）互联

---

[1] 张骁儒. 深圳蓝皮书：深圳经济发展报告（2015）[M]. 北京：社会科学文献出版社，2015：7-8.

网+社会组织促进产业联盟、前海国际商协会联盟总部基地、深圳异地商会联盟、深圳市行业协会商会秘书长联盟等社会组织战略发展集群。此外，党委和政府发挥对社会组织人才群体集聚的宏观主导作用，由深圳市社会组织党委牵头，在社会组织总会成立了社会组织协商工作委员会，探索建立社会组织协商体制机制。市委统战部、市社会组织管理局和社会组织总会共同发起"社会组织代表人士联合会"，加强与社会组织优秀人才群体的联系，引导社会组织未来发展方向。从上述经验来看，群体集聚是在个体发育的运作基础上，先由社会组织高端人才引领人才个体进入组织并产生凝聚影响，再由党委和政府将这种凝聚效应切实转变为治理优势。在环境、制度和政策的综合导向作用下，社会组织群体人才集聚活力在互动治理过程中才能得以释放。

　　基于局部地区社会组织人才生长及培育的改革经验，社会组织具有多样性。它们不仅关注社会公平，也关注经济利益。社会组织专业人才在多元化社会需求与集体行动中，寻找经济社会环境演变与个体自我价值开发的均衡。这本身就是适应中国公共服务市场化与社会化改革的一种需要。政府、社会组织、事业单位、社会公众无论是从关系还是从结构来审视，无法直观判定为"好"与"坏"，而是外部环境因素与内部组织因素之间相互作用，构成了社会组织专业人才发展动力，进而深刻影响着专业人才的生长变迁。基于此，社会组织专业人才生长及培育可以成为经济社会制度演化图景的一个缩影，以一种可能被描述的经验事实去努力理解社会公共性建构、公共空间拓展与公共组织自我发展。

参考文献

1. 中文文献

[1] 安东尼·吉登斯. 第三条道路：社会民主主义的复兴 [M]. 郑戈, 译. 北京：北京大学出版社, 2000.

[2] 埃莉诺·奥斯特罗姆. 公共事务的治理之道 [M]. 余逊达, 陈旭东, 译. 上海：上海译文出版社, 2000.

[3] B·盖伊·彼得斯. 政府未来的治理模式 [M]. 吴爱明, 夏宏图, 译. 北京：中国人民大学出版社, 2001.

[4] 陈振明. 政府再造 [M]. 北京：中国人民大学出版社, 2003.

[5] 陈书洁. 合作治理中社会组织吸纳专业人才的制度环境与路径分化 [J]. 中国行政管理, 2016（9）.

[6] 陈书洁. 社会本位：政府购买服务的转型及其人才开发 [M]. 北京：社会科学文献出版社, 2016.

[7] 程楠. 打造一支社会组织培训的"急先锋" [N]. 中国社会报, 2016 – 11 – 17（1）.

[8] 崔月琴, 沙艳. 社会组织的发育路径及其治理结构转型 [J]. 福建论坛（人文社会科学版）, 2015（10）.

[9] 崔月琴, 孙艺凌. 转型期宗教慈善发展的困境及路径选择 [J]. 思想战线, 2014（6）.

[10] 崔月琴, 袁泉, 王嘉渊. 社会组织治理结构的转型：基于草根组织卡理斯玛现象的反思 [J]. 学习与探索, 2014（7）.

[11] 邓洁华．"互联网+社会公益组织"人力资源管理创新：以深圳市义工联合会为例［J］．深圳职业技术学院学报，2018（6）．

[12] 邓正来，景跃进．建构中国的市民社会［J］．中国社会科学季刊，1992（11）．

[13] 戴维·奥斯本，特德·盖布勒．改革政府：企业精神如何改革着公营部门［M］．上海：上海译文出版社，1996．

[14] 费梅苹．政府购买社会工作服务中的基层政社关系研究［J］．社会科学，2014（6）．

[15] 葛道顺．中国社会组织发展：从社会主体到国家意识：公民社会组织发展及其对意识形态构建的影响［J］．江苏社会科学，2011（3）．

[16] 顾丽娟．品牌内化视角下的社会组织人力资源管理研究［J］．社会福利（理论版），2018（3）．

[17] 顾昕．公民社会发展的法团主义之道：能促型国家与国家和社会的相互增权［J］．浙江学刊，2004（6）．

[18] 关秀明．广东佛山市行业协会人力资源开发与管理现状探析［J］．中小企业管理与科技，2008（13）．

[19] 管兵．竞争性与反向嵌入性：政府购买服务与社会组织发展［J］．公共管理学报，2015（3）．

[20] 郭大林．我国慈善组织管理能力提升的障碍与突破［J］．天津大学学报（社会科学版），2015（3）．

[21] 郭怡．中国生态环境类社会组织专业人才培养研究［J］．科技进步与对策，2017（8）．

[22] 郭智强，招宇明．政府与社会组织新型互动关系构建：来自香港"混合经济模式"的经验［J］．东莞理工学院学报，2019（4）．

[23] 哈贝马斯．公共领域的结构转型［M］．曹卫东，等译．上海：学林出版社，1999．

[24] 何云峰，孟祥瑞．政府对新生社会组织的催化与公共服务社会化［J］．上海师范大学学报（哲学社会科学版），2011（7）．

[25] 胡薇．政府购买社会组织服务的理论逻辑与制度现实［J］．经济社会体制比较，2012（11）．

[26] 黄江松，于晓静．北京社会组织发展与管理（2015）[M]．北京：社会科学文献出版社，2015．

[27] 黄晓春，嵇欣．非协同治理与策略性应对：社会组织自主性研究的一个理论框架[J]．社会学研究，2014（11）．

[28] 黄晓春．当代中国社会组织的制度环境与发展[J]．中国社会科学，2015（9）．

[29] 黄晓勇，蔡礼强．迈入新时代的社会组织：新发展、新定位、新机遇、新作为[R]．中国社会组织报告，2018．

[30] 黄晓勇．中国社会组织报告（2016～2017）[M]．北京：社会科学文献出版社，2017．

[31] 黄晓勇．中国社会组织报告（2018）[M]．北京：社会科学文献出版社，2018．

[32] 吉鹏．政府与社会组织的互动嵌入研究：基于政府购买社会服务的考量[J]．长白学刊，2019（1）．

[33] 纪莺莺．当代中国的社会组织：理论视角与经验研究[J]．社会学研究，2013（9）．

[34] 纪莺莺．国家中心视角下社会组织的政策参与：以行业协会为例[J]．人文杂志，2016（4）．

[35] 纪莺莺．商会的内部分化：社会基础如何影响结社凝聚力[J]．公共管理学报，2015（1）．

[36] 贾西津．第三次改革：中国非营利部门战略研究[M]．北京：清华大学出版社，2005．

[37] 姜晓萍，康健．官僚式外包：政府购买公共服务中利益相关者的行动逻辑及其对绩效的影响[J]．行政论坛，2019（4）．

[38] 金国坤．论政府对社会组织管理的机制创新："民办非企业单位"引发的行政法思考[J]．法学论坛，2010（6）．

[39] 康晓光，郑宽，蒋金富，等．NGO与政府合作策略[M]．北京：社会科学文献出版社，2010．

[40] 莱斯特·M.萨拉蒙．政府工具：新治理指南[M]．北京：北京大学出版

社，2016.

[41] 卡尔·波兰尼．大转型：我们时代的政治与经济起源［M］．冯钢，刘阳，译．杭州：浙江人民出版社，2007．

[42] 李国武．制度约束下的组织间依赖：政府官员在行业协会任职现象分析［J］．江苏行政学院学报，2012（7）．

[43] 李科．行业协会潜在绩效水平影响因素实证研究：以湖南部分省级协会为例［J］．湖南社会科学，2014（3）．

[44] 李政刚．从政府主导走向院所治理：公益类科研机构"去行政化"改革研究［J］．科技进步与对策，2014（10）．

[45] 刘传铭，乔东平，高克祥．政府与社会组织的互动模式：基于北京市某区的实地调查［J］．经济社会体制比较，2012（3）．

[46] 刘兰华．非营利性社会组织能力建设中的人力资源紧张及其纾解［J］．兰州学刊，2014（11）．

[47] 刘蕾，周翔宇．非营利组织转型社会企业因素研究［J］．福建论坛（人文社会科学版），2017（12）．

[48] 刘鹏．从分类控制走向嵌入型监管：地方政府社会组织管理政策创新［J］．中国人民大学学报，2011（5）．

[49] 罗兴鹏，张向前．政府购买服务、PPP与社会组织合作机理研究［J］．企业经济，2019（4）．

[50] 马庆钰，谢菊．政府购买社会组织服务的规范化［J］．理论探讨，2012（6）．

[51] 马全中．政府向社会组织购买公共服务项目制模式研究：基于广东欠发达地区的购买实践［J］．领导科学，2019（8）．

[52] 马玉洁，陶传进．社会选择视野下政府购买社会组织服务研究［J］．中国行政管理，2014（3）．

[53] 马克·格兰诺维特．镶嵌：社会网与经济行动［M］．罗家德，译．北京：社会科学文献出版社，2007．

[54] 齐海丽．公共服务供给中的政府与社会组织合作：现状评估与趋势预测［J］．经济体制改革，2012（5）．

[55] 齐海丽．政府与社会组织依赖关系的发生机理与治理之道：基于政府购买社

会组织服务的视角［J］. 学习与实践, 2016（2）.

［56］区莹. 中外 NGO 人力资源构成的比较研究［J］. 深圳大学学报（人文社会科学版）, 2010（3）.

［57］史传林. 政府与社会组织合作治理的绩效评价探讨［J］. 中国行政管理, 2015（5）.

［58］唐代盛, 李敏, 边慧敏. 中国社会组织人力资源管理的现实困境与制度策略［J］. 中国行政管理, 2015（1）.

［59］唐纳德·凯特尔. 权力共享：公共治理与私人市场［M］. 孙迎春, 译. 北京：北京大学出版社, 2009.

［60］田常军. 民办高校体育教育人力资源的优化配置［J］. 山西财经大学学报, 2012（5）.

［61］汪锦军. 合作治理的构建：政府与社会良性互动的生成机制［J］. 政治学研究, 2015（4）.

［62］王才章. 政府购买公共服务中政府与社会组织的关系：一个组织社会学的新制度主义视角［J］. 学术论坛, 2016（3）.

［63］王杰, 朱志伟, 康姣. 政府购买公共服务背景下的第三部门失灵及其治理［J］. 领导科学, 2018（32）.

［64］王名, 孙伟林. 社会组织管理体制：内在逻辑与发展趋势［J］. 中国行政管理, 2011（7）.

［65］王名, 孙伟林. 我国社会组织发展的趋势和特点［J］. 中国非营利评论, 2010（1）.

［66］王名. 走向公民社会：我国社会组织发展的历史及趋势［J］. 北京青年工作研究, 2009（12）.

［67］王浦劬, 萨拉蒙, 等. 政府向社会组织购买公共服务研究：中国与全球经验分析［M］. 北京：北京大学出版社, 2010.

［68］王清. 从行政控制、行政治理到政治引领：国家推动社会组织发展 40 年［J］. 河南社会科学, 2019（5）.

［69］王思斌. 中国社会工作的嵌入性发展［J］. 社会科学战线, 2011（2）.

［70］王焰, 张向前. 购买服务、社会资本合作（PPP）中政府与社会组织合作模式

　　　　研究［J］．科技管理研究，2017（18）．

［71］王志华．论政府向社会组织购买公共服务的体制嵌入［J］．求索，2012（2）．

［72］魏於钰．我国社会组织人力资源开发与管理研究［D］．杭州：浙江大学，2012.

［73］吴月．治理取向、项目制与社会组织发展：一项经验研究［J］．人文杂志，2019（5）．

［74］谢菊，马庆钰．中国社会组织发展历程回顾［J］．云南行政学院学报，2015（1）．

［75］谢菊，杨伟伟．社会组织去行政化研究的文献统计分析：以2005至2014年CNKI中文文献为样本［J］．中国行政管理，2016（2）．

［76］邢博．非营利组织职业化建设及人员专业化研究：基于上海市基金会从业人员专业化情况调查［J］．现代商贸工业，2011（21）．

［77］徐家良，许源．合法性理论下政府购买社会组织服务的绩效评估研究［J］．经济社会体制比较，2015（6）．

［78］徐家良．中国第三部门研究（第12卷）［M］．北京：社会科学文献出版社，2016.

［79］徐静．公益性非营利组织人力伙伴制度研究：以北京市职工服务中心为例［J］．北京市工会干部学院学报，2016（2）．

［80］徐盈艳，黎熙元．浮动控制与分层嵌入：服务外包下的政社关系调整机制分析［J］．社会学研究，2018（2）．

［81］许鹿，杨小寻．社会组织在政府购买服务中的自我调适［J］．贵州社会科学，2019（5）．

［82］颜克高，林顺浩，任彬彬．发展抑或控制：地方政府社会组织分类治理策略偏好［J］．中国非营利评论，2017（2）．

［83］杨珊．论慈善公益组织的法律地位［J］．西南交通大学学报（社会科学版），2013（6）．

［84］易艳阳．助残社会组织内源发展动因与策略研究［J］．江淮论坛，2019（2）．

［85］余晓敏，张强，赖佐夫．国际比较视野下的中国社会企业［J］．经济社会体制比较，2011（1）．

［86］俞可平．改善我国公民社会制度环境的若干思考［J］．当代世界与社会主义，2006（1）．

［87］虞维华．非政府组织与政府的关系：资源相互依赖理论的视角［J］．公共管理学报，2005（2）．

［88］郁建兴，金常明，张伟林，等．行业协会管理［M］．杭州：浙江人民出版社，2010．

［89］郁建兴，任泽涛．当代中国社会建设中的协同治理：一个分析框架［J］．新华月报，2013（4）．

［90］郁建兴，谈婕．行业协会人力资源困境的突破及其风险［J］．行政论坛，2016（6）．

［91］曾维和，陈岩．我国社会组织承接政府购买服务能力体系构建［J］．社会主义研究，2014（3）．

［92］张冉，凯莉·瑞德佛恩，珍妮·格林，等．非营利部门员工从业动机研究：利他主义的反思［J］．浙江大学学报（人文社会科学版），2011（4）．

［93］张汝立，陈书洁．西方发达国家政府购买社会公共服务的经验和教训［J］．中国行政管理，2010（11）．

［94］张文礼．合作共强：公共服务领域政府与社会组织关系的中国经验［J］．中国行政管理，2013（6）．

［95］张宇，刘伟忠．地方政府与社会组织的协同治理：功能阻滞及创新路径［J］．南京社会科学，2013（5）．

［96］周红云．中国社会组织管理体制改革：基于治理与善治的视角［J］．马克思主义与现实，2010（5）．

［97］周俊．政府与社会组织关系多元化的制度成因分析［J］．政治学研究，2014（5）．

［98］周俊．走向"合规性监管"：改革开放40年来社会组织管理体制发展回顾与展望［J］．行政论坛，2019（5）．

［99］周艳玲．论NGO自身发展能力的提升［J］．兰州学刊，2011（9）．

［100］朱秋玥．社会组织人力资源管理的现实困境与制度策略分析［J］．知识经济，2018（12）．

[101] 中国公益人才发展现状及需求调研报告［EB/OL］.（2016 – 01 – 02）［2020 – 11 – 12］. https：//max. book118. com/html/2016/0102/29312005. html.

[102] 朱健刚. 行动的力量：民间志愿组织实践逻辑研究［M］. 北京：商务印书馆，2008.

[103] 张钟汝，范明林. 政府与非政府组织合作机制建设：对两个非政府组织的个案研究［M］. 上海：上海大学出版社，2010.

[104] 张静. 法团主义［M］. 北京：中国社会科学出版社，2005.

[105] 张康之，张乾友. 公共生活的发生［M］. 北京：高等教育出版社，2010.

[106] 詹姆斯·博曼. 协商民主与有效社会自由［M］. 陈家刚，等译. 北京：中央编译出版社，2006.

[107] 詹姆斯·S. 科尔曼. 社会理论的基础［M］. 邓方，译. 北京：社会科学文献出版社，2008.

2. 外文文献

［1］ ALLEN S, WINSTON B E, TATONE G, et al. Exploring a Model of Servant Leadership, Empowerment and Commitment in Nonprofit Organizations［J］. Nonprofit Management and Leadership，2018，29（1）.

［2］ CEPTUREANU S I, CEPTUREANU E G, SASSU R V. Financing of Romanian Non – Govermental Organizations［J］. Management and Economics Review，2017，2（1）.

［3］ CHENG Y L. The Status, Defects and Trends of Social Intermediary Organizations' Human Resource Management［J］. Proceedings of 2010 International Conference on Public Administration，2010，3（10）.

［4］ DAS ASHIS, FRIEDMAN JED, EESHANI KANDPAL, et al. Does involvement of local NGOs enhance public service delivery? Cautionary evidence from a malaria – prevention program in India［J］. Health Economics，2018，27（1）.

［5］ DOHERTY B, HAUGH H, LYON F. Social Enterprises as Hybrid Organizations：A Review and Research Agenda［J］. International Journal of Management Reviews，2014，16（4）.

［6］ DONG Y, LIU Y X. On Reverse Contracting in China's Reform of Public Institutions from the Perspective of Government Purchase on Public Service [J]. International Conference on Public, 2015, 2 (11).

[7] DUBOIS C L Z, DUBOIS D A. Strategic HRM as Social Design for Environmental Sustainability in Organization [J]. Human Resource Management, 2012, 51 (11).

[8] GAUDREAU M, CAO H H. Political Constraints on Adaptive Governance: Environmental NGO Networks in Nanjing, China [J]. The Journal of Environment & Development, 2015, 24 (12).

[9] GUPTA D, KOONTZ T M. Working Together? Synergies in Government and NGO Roles for Community Forestry in the Indian Himalayas [J]. World Development, 2019 (114).

[10] JENNIFER M, COSTON. A Model and Typology of Government – NGO Relationships [J]. Nonprofit and Voluntary Sector Quarterly, 1998, 27 (3).

[11] JUNG H, LALONDE R, MALATESTA D. Should Government Go It Alone or With a Partner: A Comparison of Outcomes from a Work Release Program Using Different Policy Tools [J]. Public Administration Review, 2018, 78 (4).

[12] KNAPP M, ROBERTSON E, THOMASON C. Public Money, Voluntary Action: Whose Welfare? // Helmut K. Anheier & Wolfgang Seibel, The Third Sector: Comparative Studies of Nonprofit Organizations [M]. New York: Walter de Gruyter, 1990.

[13] KOJIMA K, CHOE J Y, OHTOMO T, et al. The Corporatist System and Social Organizations in China [J]. Management & Organization Review, 2012, 8 (3).

[14] KONG E. A Qualitative Analysis of Social Intelligence in Non-profit Organisations: External Knowledge Acquisition for Human Capital Development, Organizational Learning and Innovation [J]. Knowledge Management Research & Practice, 2015, 13 (11).

[15] KRAMER R M, LORENTZEN H, MELIEF W B. Privatization in Four European Countries: Comparative Studies in Government – Third – Sector Relationships [M]. New York: M. E. Sharpe, 1993.

[16] SELLE P. Government and Voluntary Organizations: A Relational Perspective [J].

Indoor Air, 2009 (6).

[17] IRISH L, SALAMON L M, SIMON K. Outsourcing Social Services to CSOs: Lessons from Abroad [R]. Washington: The World Bank, 2009.

[18] LI S C. Human Resource Play in Social Work Organizations [J]. International Conference on Applied Social Science, 2011, 3 (3).

[19] LU M Y, LI G. A Study on the Effects of Authentic Leadership on Psychological Caital and Knowledge Sharing in China Association for NGO Cooperation [J]. Knowledge Management Research & Practice, 2015, 65 (12).

[20] LU S, DENG G S, HUANG C C, et al. External Environmental Change and Transparency in Grassroots Organizations in China [J]. Nonprofit Management and Leadership, 2018 (2).

[21] MEEYOUNG L, SCOTT L. Beyond the Search for Competition in Social Service Contracting: Procurement, Consolidation, and Accountability [J]. American Review of Public Administration, 2009, 39 (2).

[22] MURDIE, AMANDA. Scrambling for Contact: The Determinants of Inter-NGO Cooperation in Non-Western Countries [J]. The Review of International Organizations, 2014, 9 (9).

[23] NASCIMENTO T T, PORTO J B, Kwantes C T. Transformational Leadership and Follower Proactivity in a Volunteer Workforce [J]. Nonprofit Management and Leadership, 2018, 28 (4).

[24] Sun Y. The Partnership Between the Government and Social Organizations from the Perspective of Public Service [J]. Proceedings of 2014 International Conference on Public Administration, 2014, 2 (10).

[25] ŚWIĘCAŃSKA, PAULINA. The Aleatoric Leadership Role - The Choreography of Intellectual Capital in the NGO [J]. Processdings of the international Conference on Intellectual Capital Knowledge Management & Organization Learning, 2013.

[26] ZAIDI S, MAYHEW S H, CLELAND J, et al. Context Matters in NGO-Government Contracting for Health Service Delivery: a Case Study from Pakistan [J]. International Studies Perspectives, 2012, 27 (10).

附 录

调查问卷

问卷调查

问卷编号□□□

> 请社会组织专业人才按照提问顺序和填答提示逐一填答,以免漏答。
> 请在合适的选项序号上画"√"。

＊填写对象:社会组织专业人才,是在社会组织(社会团体、社会服务机构、基金会)从业范围内的全日制专职工作并领取固定薪资的人员(社会组织领导、管理、执行与社会工作人员),不包含离退休返聘、劳务派遣、兼职人员与志愿者。

A. 甄别问卷

A1. 您所在社会组织的注册性质:

A1. 专业性社会团体	B1. 公募基金会	C1. 法人民办非企业单位
A2. 行业性社会团体	B2. 非公募基金会	C2. 合伙民办非企业单位
A3. 学术性社会团体		C3. 个人民办非企业单位
A4. 联合性社会团体	D. 社会企业	E. 其他(请注明)

A2. 贵组织是否参与过政府购买服务：

| A. 没有参与 | B. 参与 |

A3. 贵组织专职工作人员数量：

A. 5人及以下	B. 6~10人	C. 11~20人	D. 21~30人	E. 31~40人	F. 41~50人
G. 51~60人	H. 61~70人	I. 71~80人	J. 81~90人	K. 91~100人	L. 101人及以上

A4. 贵组织兼职工作人员数量：

| A. 5人及以下 | B. 6~10人 | C. 11~20人 | D. 21~30人 | E. 31~40人 | F. 41~50人 |

A5. 贵组织的活动区域：

| A. 全国 | B. 本省 | C. 本市 | D. 本县 | E. 其他 |

A6. 贵组织成立多长时间：

| A. 5年及以下 | B. 6~10年 | C. 11~15年 | D. 16~20年 | E. 20年以上 |

B. 基本问卷

B1. 贵组织理事会（董事会）规模：

| A. 3人以下 | B. 3~5人 | C. 6~8人 | D. 9~11人 | E. 12~14人 | F. 15人及以上 |

B2. 贵组织创始人、理事会（董事会）高层领导的主要来源：（可复选）

| A. 在职官员 | B. 离退休官员 | C. 企业家 | D. 社会名人 | E. 公益人士 | F. 其他 |

B3. 贵组织执行秘书长（执行总干事）就职性质：

| A. 专职 | B. 机关事业单位领导兼职 | C. 企业家兼职 | D. 社区居委会领导兼职 | E. 社会组织领导兼职 | F. 其他 |

B4. 贵组织目前活跃的主要服务领域：（可复选）

A. 工商服务	B. 农业农村发展	C. 科技科研	D. 教育	E. 卫生	F. 文化	G. 体育
H. 生态环境	I. 社会服务	J. 法律	K. 宗教	L. 职业及从业者组织	M. 国际及涉外组织	N. 其他

B5. 贵组织目前占比最高的资金收入来源：

A. 中央财政资金	B. 地方财政资金	C. 国内外社会捐赠	D. 会费或服务收费	E. 开展活动的收入
F. 政府补助	G. 投资收益	H. 企业注资	I. 其他（请注明）	

B6. 贵组织的年经费资金量：

A. <100万元	B. 100万~500万元	C. 501万~1500万元	D. 1501万~3000万元	E. 3001万~5000万元	F. >5000万元

B7. 您从下列何种途径进入社会组织从业：

A. 应届毕业生	B. 企业	C. 事业单位	D. 政府	E. 基层自治组织	F. 自由职业者

C. 主体问卷

请用打勾的方式指出您"非常不同意"或"非常同意"下列项目的程度。（请注意没有"一般选项"）

1=非常不同意　2=不同意　3=比较不同意　4=比较同意　5=同意　6=非常同意

题项	非常不同意↓比较不同意	比较同意↓非常同意
大多数公众服务对象都了解本组织的情况	1 2 3	4 5 6
本组织在政府部门中有较大影响力	1 2 3	4 5 6
本组织往往成为其他社会组织沟通的桥梁	1 2 3	4 5 6
与本组织联系的社会组织较多	1 2 3	4 5 6

续表

题项	非常不同意 ↓ 比较不同意	比较同意 ↓ 非常同意
与本组织联系的公众对象较多	1 2 3	4 5 6
与本组织联系的政府部门较多	1 2 3	4 5 6
与本组织联系的企业部门较多	1 2 3	4 5 6
与本组织联系的科研院所和研究机构较多	1 2 3	4 5 6
本组织提供服务的对象范围较其他社会组织更广	1 2 3	4 5 6
本组织提供服务的活动业务领域较其他组织大	1 2 3	4 5 6
本组织的专职就业人员总数较其他组织大	1 2 3	4 5 6
本组织的资金收入总量较其他组织大	1 2 3	4 5 6
与本组织联系的政府部门较其他社会组织更多	1 2 3	4 5 6
本组织承接政府购买项目较其他社会组织更多	1 2 3	4 5 6
本组织向公众对象提供服务的次数较其他社会组织更多	1 2 3	4 5 6
本组织在本地区外的驻外机构较其他社会组织更多	1 2 3	4 5 6
本组织与同行内社会组织往来的频率高	1 2 3	4 5 6
本组织与公众服务对象往来的频率高	1 2 3	4 5 6
本组织与政府部门往来的频率高	1 2 3	4 5 6
本组织与企业和商业金融机构往来的频率高	1 2 3	4 5 6
本组织与其他同行社会组织建立了长时间的联系	1 2 3	4 5 6
本组织与公众服务对象建立了长时间的联系	1 2 3	4 5 6
本组织与政府部门建立了长时间的联系	1 2 3	4 5 6
本组织与企业和商业金融机构建立了长时间的联系	1 2 3	4 5 6
本组织更愿意与同行社会组织分享信息和未来发展计划	1 2 3	4 5 6
本组织更愿意与公众服务对象公开平等交流	1 2 3	4 5 6
本组织更愿意与政府达成有合作契约或某服务协定	1 2 3	4 5 6
本组织更愿意与企业或商业金融机构进行谈判磋商	1 2 3	4 5 6
当听到别人批评我所在的组织时,就像是在批评我一样	1 2 3	4 5 6
我很想了解别人是如何评价我所在的组织的	1 2 3	4 5 6
当谈起我所在的组织时,我常说"我们"而不是"他们"	1 2 3	4 5 6
我所在的组织的成功就是我的成功	1 2 3	4 5 6
当听到别人称赞组织时,就像是在称赞我一样	1 2 3	4 5 6

续表

题项	非常不同意 ↓ 比较不同意	比较同意 ↓ 非常同意
当发现新闻媒体批评我所在的组织,我会感到不安	1　2　3	4　5　6
我与上级领导的关系良好	1　2　3	4　5　6
上级领导对我有肯定和赞赏	1　2　3	4　5　6
上级领导对我授权并信任	1　2　3	4　5　6
我与组织有良好的绩效沟通	1　2　3	4　5　6
我的工作有成就感	1　2　3	4　5　6
我对工作岗位有兴趣	1　2　3	4　5　6
组织有较强的业内知名度	1　2　3	4　5　6
组织有较强的提供服务的能力	1　2　3	4　5　6
组织有充足的资金筹措力	1　2　3	4　5　6
组织有良好的社会声誉	1　2　3	4　5　6
组织有优良的公共服务和公共产品	1　2　3	4　5　6
组织有技术优势	1　2　3	4　5　6
组织有学习与创新的能力	1　2　3	4　5　6
组织有高效的决策治理机制	1　2　3	4　5　6
组织能满足我所需要的经济收入	1　2　3	4　5　6
组织有比其他社会组织更高的薪酬水平	1　2　3	4　5　6
组织的活动资金支出有明显经济绩效	1　2　3	4　5　6
组织有公共服务价值及治理优势	1　2　3	4　5　6
组织能促进社会公共责任	1　2　3	4　5　6
组织能对社会各界参与公共生活产生广泛影响	1　2　3	4　5　6
目前的工作使我离自己的职业目标更近一步	1　2　3	4　5　6
目前的工作与我的职业理想相关	1　2　3	4　5　6
目前的工作为我的职业目标的实现打下了基础	1　2　3	4　5　6
目前的工作为我提供了较好的发展机会	1　2　3	4　5　6
目前的工作促使我掌握新的与工作相关的技能	1　2　3	4　5　6
目前的工作促使我不断掌握新的与工作相关的知识	1　2　3	4　5　6
目前的工作促使我积累了更丰富的工作经验	1　2　3	4　5　6
目前的工作促使我的职业能力得到了不断的锻炼与提升	1　2　3	4　5　6

续表

题项	非常不同意 → 比较不同意	比较同意 → 非常同意
在目前工作单位的职务提升速度较快	1 2 3	4 5 6
在目前工作单位，我的职务提升的可能性很大	1 2 3	4 5 6
在目前工作单位，我的职务比原先单位或预设的更理想	1 2 3	4 5 6
与同事相比，我的职务提升速度比较快	1 2 3	4 5 6
到目前的工作单位后，我的薪资提升比较快	1 2 3	4 5 6
在本单位，我目前的薪资继续得到提升的可能性很大	1 2 3	4 5 6
与同事相比，我的薪资增长速度比较快	1 2 3	4 5 6

D. 个人基本情况

D1. 您的性别是：

A. 男性	B. 女性

D2. 您的年龄是：

A. ≤19 岁	B. 20~29 岁	C. 30~39 岁	D. 40~49 岁	E. ≥50 岁

D3. 您的学历是：

A. 高中以下	B. 中专（中师）	C. 大专	D. 本科	E. 硕士	F. 博士

D4. 您在社会组织中工作的时间是：

A. <1 年	B. 1~3 年	C. 4~5 年	D. 6~8 年	E. ≥9 年

D5. 您目前担任的最高职位是：

A. 项目成员	B. 项目主管	C. 部门总监	D. 秘书长、副秘书长	E. 总干事
F. 理事会成员	G. 总裁、副总裁	H. 理事长、副理事长	I. 法人代表	J. 社会工作者
K. 办公室主任	L. 行政专员	M. 其他（请注明）		